STEFAN SEIDEL

Für eine Kultur der Anerkennung

Beiträge und Hemmnisse
der Religion

STEFAN SEIDEL

Für eine Kultur der Anerkennung

Beiträge und Hemmnisse
der Religion

echter

Bibliografische Information der Deutschen Nationalbibliothek

Die Deutsche Nationalbibliothek verzeichnet diese Publikation
in der Deutschen Nationalbibliografie; detaillierte bibliografische
Daten sind im Internet über ‹http://dnb.d-nb.de› abrufbar.

1. Auflage 2018
© 2018 Echter Verlag GmbH, Würzburg
www.echter.de

Umschlag: wunderlichundweigand
Gestaltung: Hain-Team (www.hain-team.de)
Druck und Bindung: CPI books – Clausen & Bosse, Leck

ISBN
978-3-429-04440-4
978-3-429-04963-8 (PDF)
978-3-429-06383-2 (ePub)

Inhalt

I. „Uns gibt's auch noch": Der Kampf
um Anerkennung heute 7

II. Anerkennung aus sozialphilosophischer Sicht 25
1. Anerkennung als Grundbedürfnis
und Ziel sozialer Bestrebungen: *Axel Honneth* ... 25
2. Die fatale Unterscheidung zwischen betrauerbarem
und unbetrauerbarem Leben: *Judith Butler* 34
3. Die Anerkennung der Würde der Tiere
als nächster Schritt: *Birgit Mütherich* 46
4. Achsen einer anständigen Gesellschaft – Achtung,
Würde und Nichtdemütigung: *Avishai Margalit* .. 57
   4.1 Ernstfall der Anerkennung I:
       Homosexualität und Kirche 63
5. Das Prinzip der Gleichberechtigung und
eine Politik der Anerkennung: *Charles Taylor* 77
   5.1 Ernstfall der Anerkennung II: Umgang
       mit dem Islam 81
6. „Es gibt kein Glück außerhalb der Liebe":
Tzvetan Todorov 84

III. Anerkennung aus psychoanalytischer Sicht 91
1. Anerkennung als psychische Geburt:
Donald W. Winnicott 94
2. Vom Glanz in den Augen der Mutter –
die psychische Notwendigkeit der Anerkennung:
Martin Dornes 102
3. Perversion als Folge gescheiterter Anerkennung:
Jessica Benjamin 106
4. Das Eigene im Anderen und das Andere
im Eigenen: *Joachim Küchenhoff* 115

5. Lob der Differenz – Grenzen als Schutz und Begegnungsorte: *Martin Teising* und *Bernhard Waldenfels* 120
6. Sein oder Idealsein – Zur Anerkennung eigener Begrenztheit: *Janine Chasseguet-Smirgel* 129
7. Die Anerkennung einer „letzten Realität" als Zähmung der Angst: *Wilfred R. Bion* 137
8. Mutter Staat? Zur Anwendung des Konzepts der Fürsorglichkeit (concern) auf soziale Zusammenhänge: *Reinhold Bianchi* 140

IV. Anerkennung aus theologischer Sicht 153
1. Anerkennung als Ort religiöser Erfahrung: *Tobias Braune-Krickau* 155
2. Die Religion als Anerkennungsverhältnis und Sinnressource der Gesellschaft: *Markus Knapp* 161
3. „Von der Vollendung her leben" – Die unbedingte und unauflösliche Anerkennung des Gläubigen durch Gott: *Andreas Rohde* 168

V. Die Beiträge und Hemmnisse der Religion für eine Kultur der Anerkennung 173
1. Erfüllt leben und Leben teilen – Die Beiträge der Religion für eine Kultur der Anerkennung: *Elisabeth Moltmann-Wendel* und *Theo Sundermeier* 174
2. „Apokalypse now" – Die Hemmnisse der Religion für eine Kultur der Anerkennung: *Friedrich-Wilhelm Graf* und *Reiner Anselm* 178

VI. Der Mensch braucht mehr als nur sich selbst – Schlussüberlegungen 183

Anmerkungen 197

Literaturverzeichnis 213

I. „Uns gibt's auch noch": Der Kampf um Anerkennung heute

Wir leben in einer Zeit immer härter werdender Kämpfe um Anerkennung. Insbesondere die große Migration stellt die westlichen Gesellschaften vor neue Herausforderungen, die im Kern die Frage nach Anerkennung und Abgrenzung betreffen. Die Entwicklungen der letzten Jahre haben dabei gezeigt, dass die Umsetzung der Idealvorstellung einer Kultur der Anerkennung alles andere als einfach ist. Herbe Widerstände formieren sich gegen die Anerkennung anderer als Gleichberechtigte. Verzweifelt begibt man sich dabei gleichzeitig auf die Suche nach dem Eigenen – jedoch meistens nur auf dem Weg der scharfen Ablehnung anderer. Die Angst vor dem Islam erscheint dabei als die am meisten verdichtete Form dieses Ringens um das Eigene in Abgrenzung von Fremdem.

Es zeigt sich, dass jene, die am lautesten die Abweisung des Fremden fordern, selbst dringend der eigenen Anerkennung bedürfen. Der Historiker Timothy Garton Ash bemerkte kürzlich, dass das Aufkommen des Rechtspopulismus nicht nur aus der sozialen Frage wirtschaftlicher Benachteiligungen heraus zu erklären sei. Sondern dass er auch als eine Antwort der „Abgehängten" gedeutet werden müsse: eine Antwort auf die erlittene „Ungleichheit der Aufmerksamkeit", die übergeht in eine „Ungleichheit an Respekt": „Bei allen Unterschieden findet man in den populistisch wählenden Regionen ein gemeinsames Ressentiment: ‚Uns gibt's auch – ihr habt uns aber ignoriert und als Landesteile zweiter Klasse behandelt." So sei ein

Grund für den Erfolg der rechtskonservativen „PiS"-Partei in Polen deren Versprechen, „das Ansehen" umzuverteilen. Im Grunde sei das, so Ash, die Kapitulation des Liberalismus, der sein zentrales Versprechen nicht eingelöst habe: nämlich gleichen Respekt und gleiche Sorge für jedes einzelne Mitglied der Gesellschaft zu gewähren (Ronald Dworkin).[1]

Um diesen Kampf um Aufmerksamkeit und Respekt zu führen, bedienen sich die Wortführer des rechtspopulistischen Protests kultureller Codes, die sie als Kampfbegriffe zur Verteidigung des Eigenen benutzen. Und plötzlich werden auch wieder religiöse Kategorien wie das „christliche Abendland" oder die Zurückweisung der Religion des Islam virulent. Damit, so könnte man meinen, trifft die düstere Prophezeiung des amerikanischen Politikwissenschaftlers Samuel P. Huntington ein, der bereits vor über 20 Jahren einen „Zusammenprall der Kulturen" heraufziehen sah – ein Zeitalter religiös bemäntelter Konflikte um Vorherrschaft. Die Religion bekomme dabei die Funktion eines Artikulators jener Kämpfe um Anerkennung und Teilhabe, um die es eigentlich geht.[2]

Und tatsächlich hat sich in den letzten Jahren gezeigt, dass die Rede von der Bedrohung des christlichen Abendlandes durch einen angeblich aggressiven Islam ein beträchtliches Protest- und Wählerpotential mobilisieren kann – selbst in einem so gründlich säkularisierten Landstrich wie Ostdeutschland. In dieser Region ist übrigens das von Ash diagnostizierte giftige Gefühl des „Abgehängtseins" am deutlichsten zu beobachten. Viele Ostdeutsche fühlen sich in ihren Biografien nicht gewürdigt und durch aufreibende Kämpfe um Arbeit und Teilhabe in der neuen Gesellschaft der Bundesrepublik entwertet.

Anerkennung und Respekt sind ihnen zur Mangelware geworden. „Die Älteren haben schon vieles verloren und ringen jetzt um ihre Würde, verbunden mit der Angst, das mühsam Gerettete und neu Erworbene auch noch zu verlieren", diagnostiziert der Hallenser Psychotherapeut Hans-Joachim Maaz.[3] Insofern ist durchaus eine Situation eingetreten, in der Anerkennungsverhältnisse nicht mehr ohne weiteres gewährleistet sind, sondern vielmehr als fragil, bedroht und umkämpft erlebt werden.

Dabei erscheint die rechtspopulistische Inszenierung eines Kulturkampfes als ein höchst wirksames Instrument, um die von vielen erlebte prekäre Anerkennungslage in politisches Kapital umzuwandeln. Im letzten Jahr wurde hierzulande die meiste Stimmung erzeugt und wurden die meisten Stimmen gefangen mit der Rede von einer Bedrohung durch den Islam. Die eingeredete Gefahr durch die Burka verfing bei vielen Wählern – gleichgültig ob damit irgendein Realitätsgehalt verbunden war. Auf die von Rechtspopulisten angebotene Deutung der gesellschaftlichen Krise als Kulturkampf ließen sich viele Menschen ein – als sei endlich ein Ventil für den aufgestauten Druck gefunden. Dabei ist allzu offensichtlich, dass es nicht eigentlich um eine reale Bedrohung durch eine andere Kultur oder Religion geht. Der Ausländeranteil in Sachsen, dem Bundesland mit dem größten rechtspopulistischen Wahlerfolg, liegt unter vier Prozent. Doch die plötzliche Gegenüberstellung verfeindeter Kollektive – hier die Deutschen und dort die lauernden Muslime – scheint eine derartige Entlastung und Aufwertung zu bringen, dass sie von vielen übernommen wurde. Den Rechtspopulisten sei es gelungen, schrieb der Berliner Soziologe Sérgio Costa vor Kurzem, Menschen, die sich existenziell und politisch bedeutungslos – wahrscheinlich auch deutungslos – fühlen, einen Diskurs anzubieten, der sie in der symbolischen Machthierarchie aufsteigen lasse. Und zwar ohne dass sie dafür Großes leisten müssten. Allein die deutsche Abstammung reiche nun aus, um höher- und bessergestellt zu sein gegenüber einem konstruierten Anderen. Costa vermutet, dass es beim Migrantenhass eigentlich um das Gefühl eigener *Ohnmacht und Bedeutungslosigkeit* gehe, das mit „nationalen und globalen Herrschaftsstrukturen" zusammenhänge – die wiederum beide bedrängen: Deutsche und Migranten. Der Kampf der Kulturen wird also von Politikern herbeiphantasiert, um die eigene Macht auszubauen.[4] Der Kampf der Kulturen und Religionen ist ein günstiges Deckmäntelchen, um Stimmungen zu beeinflussen und Stimmen zu fangen – wissend um die hohe Symbol- und Identifikationskraft, die Kultur und Religion haben. Jedoch wird weder das christliche Abendland durch einen Moscheebau in Leipzig bedroht, noch ist das Christentum für weite Teile der Bevölkerung wirklich ein echter Identifikationsfaktor. Drei von vier Ostdeutschen gehören keiner Kirche an. Deshalb erschöpft sich die instrumentalisierende Benutzung des kulturellen Codes „Christentum" auch in der plakativen Kampfesrede von der Bewahrung des „christlichen Abendlandes" und im öffentlichen Singen von Weihnachtsliedern.

Insofern gilt es, den Rat Sérgio Costas ernst zu nehmen, sich als demokratische Kräfte nicht in die phantasierten Kulturkämpfe der Rechtspopulisten hineinziehen zu lassen, sondern jeglichen Diskurs über Islambedrohung und Untergang des christlichen Abendlandes auszutrocknen, ins Leere laufen zu lassen. Denn: „Dort, wo es den Rechtspopulisten gelungen ist, ihren Kampf um die Macht als Kampf der Kulturen zu deuten, sind sie nicht mehr zu stoppen."[5] Die eigentlichen Gründe für die Macht- und Bedeutungslosigkeitsgefühle in der Bevölkerung liegen anderswo. Beispielsweise in den sich ständig verschärfenden Ausgrenzungstendenzen eines neoliberalen Wirtschaftssystems, auf die im Kapitel III.8 näher eingegangen wird.

Strebt man eine Kultur der Anerkennung an, sollte also insbesondere auch die Negativseite der Anerkennung in den Blick genommen werden: die Beschämung oder Entwertung. Denn Scham gilt als ein enorm bedrohliches und unerträgliches Gefühl, das häufig abgewehrt wird durch die Verachtung und Beschämung anderer.[6] Der Sozialwissenschaftler Stephan Marks bemerkt, dass viele unserer Beziehungen untergründig mit Beschämungen durchtränkt seien, beispielsweise wenn Arbeitslose als „arbeitsscheue Versager" entwertet oder Schüler oder Lehrer gedemütigt werden. Das habe eine Beschädigung des Selbstwertgefühls zur Folge, was wiederum die Fähigkeit zur Wertschätzung anderer verringert. Näher liegt dann die Scham-Abwehr über den Weg der *Verachtung* anderer und ihres Ausschlusses aus der Gemeinschaft – insbesondere derjenigen, die als schwach gelten. „Die Fähigkeit, Anerkennung zu geben (und entgegenzunehmen), wird wesentlich durch Scham und Beschämung blockiert. Daher führt der Weg zur Anerkennung über die Auseinandersetzung mit Scham und Beschämung", betont Marks.[7] Hier wird bereits deutlich, dass es eine Kultur der Anerkennung nicht geben kann ohne die konsequente Vermeidung und Überwindung von Beschämungs- und Entwertungserfahrungen. Und es wird sie nicht geben können ohne die Aufarbeitung der erlittenen Beschämungen.

In der heutigen Situation kommt der religiösen Frage offenbar wieder eine neue Bedeutung zu. Nachdem in der Folge der Aufklärung die Religion in der westlichen Welt jahrhundertelang marginalisiert war, drängt sie sich heute wieder neu auf. Als gesamtgesellschaftliche Aufgabe zeichnet sich ab, Wege und Formen einer wechselseitigen Anerkennung der verschiedenen Religionen, Kulturen, Denk- und Lebensweisen zu finden, die einander im gleichen Lebenskontext durchaus spannungsreich begegnen können. Dass die verschiedenen Glaubens- und Lebensformen nicht zur wechselseitigen Verfeindung und Entwertung benutzt werden.

Doch gerade diese Verfeindung scheint derzeit in vollem Gange zu sein. Leider hat sich gezeigt, dass die wohlmeinenden Imperative, andere anzuerkennen und aufzunehmen, unter nicht unbeträchtlichen Bevölkerungsteilen weitgehend ungehört verhallen. Es dürfte daher an der Zeit sein, noch eine Ebene tiefer in die Analyse der Situation einzusteigen und das Verwobensein von eigener Anerkennung und Anerkennung anderer wahrzunehmen und an diesen beiden Seiten der einen Medaille zu arbeiten. Es dürfte um einen doppelt verwobenen Vorgang gehen: die Auffindung einer eigenen Identität in Abgrenzung von anderen bei gleichzeitigem Erkennen des eigenen Angewiesenseins auf die Anerkennung anderer. Daraus kann die Einsicht in die Notwendigkeit einer *wechselseitigen Anerkennung* erwachsen. Der hier vorgestellte Diskurs über die Anerkennung bringt aus allen Perspektiven eine Erkenntnis: Identität ist nicht ohne die Anerkennung anderer zu haben. Alles kommt in der gesunden individuellen wie gesellschaftlichen Entwicklung darauf an, eine reife Form der Beziehungs- und

Anerkennungsfähigkeit zu entwickeln. Denn: „Alles, was ist, kann nur in der Koexistenz der Beziehung leben und überleben", schrieb einmal die Philosophin und Theologin Dorothee Sölle (1929–2003). Sie sieht in diesem Zusammenhang übrigens die Stunde einer weltoffenen Mystik gekommen, die gegen die verschiedenen Totalitarismen dieser Zeit eine aus dem tiefen spirituellen Bewusstsein der Zusammengehörigkeit allen Lebens gewachsene Mentalität des Austauschs, der Beziehung, der Liebe, des Gebens und Nehmens in Anschlag bringt. „Ist es möglich, die Illusionen der Autonomie und der Autarkie und die Praxis der Ausgrenzung durch Liebe zu überwinden?", fragt sie in ihrem Buch „Mystik und Widerstand" und antwortet selbst: „Dass wir ohne diesen mystischen Traum keine Chance haben, ist evident genug. Ihn schon jetzt zu leben ist die Hoffnung bewusster Minderheiten."[8]

Die Religion, verstanden als eine Art mentales und soziales Anerkennungsverhältnis, könnte heute die Kultivierung der notwendigen „Doppel-Helix" der Anerkennung unterstützen – bestehend aus eigener Anerkennung und der Anerkennung anderer. Nämlich indem die Religion dem Menschen einerseits hilft, einen eigenen Deutungs- und Beziehungsrahmen zu haben, und andererseits ein Bewusstsein stiftet, dass man nicht allein aus sich selbst heraus lebt, sondern aus einem größeren (göttlichen und sozialen) Anerkennungszusammenhang. Freilich – und das wird die vorliegende Untersuchung zeigen – wird es dazu einer *reifen* Form der Religion bedürfen, die sich weniger über Absolutheitsansprüche als über *Anerkennungsverhältnisse* zu definieren vermag. Die Reife der Religion bedeutet ebenso wie die Reife des einzelnen Menschen, dass ein gewisses Maß an Reflexions- und Beziehungsfähigkeit erlangt worden ist.

Die Reife einer Religion wird sich daran zeigen, in welchem Maß es ihr gelingt, Anerkennung des Eigenen *und* Anerkennung des anderen positiv zu befördern. Dass sich die Religion also zu relativieren vermag, ohne dabei das Eigene zu verlieren; dass sie anderes auszuhalten vermag, ohne es vernichten zu wollen, sondern es als einen Ort des fruchtbaren Austauschs versteht. Eine Form der *unreifen* Religion dagegen verharrt in rigiden Absolutsetzungen, scharfen Abgrenzungen und starrem Dogmatismus und erweist sich als reflexions- und beziehungsunfähig. Eine solche unreife Religion kommt als zu überwindendes Hemmnis einer Kultur der Anerkennung in den Blick.

Wie diese kurze Skizze bereits zeigt, könnte es auf die Beziehungs- und Anerkennungsfähigkeit der Religion heute dringender denn je ankommen. Dabei kann nicht oft genug betont werden, dass die Bereitschaft zur Anerkennung anderer kein fremder Gedanke ist, der an die Religion von außen herangetragen wird. Denn insbesondere die jüdisch-christliche Religion lebt wesentlich aus einem Gottesbild, das von der *Beziehung* geprägt ist. Sowohl die Schöpfungsvorstellung, in der sich Gott mit der Welt verwebt, als auch die Christusvorstellung, die den Messias und den Menschen in ein inniges Austauschverhältnis setzt, zeugen von dem grundsätzlichen Beziehungscharakter der Religion. Martin Buber konnte sagen: „Im Anfang war die Beziehung." Die schon erwähnte Dorothee Sölle hat diesen dichten theologischen Satz Bubers so interpretiert: „Gott ist hier nicht als höchstes Objekt ausgesagt, sondern als die gegenseitige, sinngewisse, handelnd gelebte Beziehung zum Leben. Gott wird nicht gefunden wie ein kostbarer Stein oder die blaue Blume, sondern Gott ereignet sich. Gott geschieht. God happens."[9] Wird Gott dann auf dem Höhepunkt der neutestamentlichen Theologie sogar als *Liebe* definiert (1. Johannesbrief, Kapitel 4), dann kann er gar nicht mehr anders, denn als die *Kraft der Beziehung* gedacht zu werden: Gott buchstabiert sich durch die auf Anerkennung und auf Solidarität beruhenden Beziehungen der Menschen zu ihrer Mitwelt.

Darüber hinaus bietet aber auch die Vorstellung von Gott, der immer *ganz anders* ist, als es sich der Mensch vorstellt, Ankerpunkte für eine reife Religion. Denn Gott ist in dieser Denkfigur gleichsam der große Platzhalter für das Andere und Fremde an sich, indem er immer einen Platz jenseits des Eigenen besetzt und diesen Ort und dieses Recht des anderen dauerhaft präsent hält. Die Vorstellung von Gott als dem ganz Anderen ermöglicht ein denkerisches Übersteigen des eigenen Bezugsrahmens. Es entsteht dann die Möglichkeit, dass das Andere/Fremde nicht mehr nur das Bedrohende und Auszuschließende darstellt, sondern vielmehr das Ermöglichende – der dunkle Ursprung und das offene Ziel des Eigenen. Eigentlich ist mit dieser Denkweise gar kein Ausschluss anderer, keine Missachtung oder Entwertung Fremder möglich. Denn das käme letztlich einer Verneinung Gottes gleich, der doch als Platzhalter für das Andere des Menschen auf derselben Ebene läge – es wäre eine Verweigerung von Anerkennungsverhältnisses, aus denen heraus man doch selbst lebt.

Jenseits aller ethischen Gebote der Gastfreundschaft gegenüber Fremden, die die jüdisch-christliche Religion auch bietet, kommt der Glaube hierbei unter theologischen Gesichtspunkten als ein grundsätzliches Beziehungsgeschehen in den Blick, das wesentlich mehr dynamisch als dogmatisch geprägt ist und in seiner gereiften Form als grundsätzlich kompatibel mit den Anerkennungstheorien der Gegenwart gelten kann.

Die jüdisch-christliche Religionstradition bietet sogar noch mehr Potentiale für die Förderung einer Kultur der Anerkennung, wie im Folgenden aufgezeigt werden wird. Genannt sei an dieser Stelle nur die Vorstellung vom Menschen als Gottes Ebenbild. Bezug nehmend auf die Schöpfungsgeschichte (Genesis 1, Vers 27) lässt sich ableiten, dass *allen* Menschen eine unverlierbare Würde innewohnt und somit ein Mindestmaß an Respekt gesichert sein sollte – deshalb weil man ein menschliches Antlitz trägt. Diese Vorstellung hat sich tief in die abendländische Tradition eingewurzelt und sich gewissermaßen säkularisiert fortgesetzt in der Konstituierung der Menschenrechte.[10]

Jedoch muss auch der Tatsache ins Auge geblickt werden, dass die Religion in unseren Tagen mehrheitlich nicht als reife Religion in Erscheinung tritt. Vielmehr dominiert vielerorts eine unreife Form der Religion, die jene scharfen Anerkennungskämpfe noch befeuert, die in Zeiten der Globalisierung sowieso im Gange sind. Dabei lässt sich womöglich ein problematischer Zusammenhang aufzeigen: dass nämlich Menschen, die selbst in prekären Anerkennungsverhältnissen leben und wenig zur Anerkennung anderer fähig sind, auch kein Gottesbild pflegen, das sich durch Liebe oder Beziehungskraft auszeichnet. Leidet ein Mensch unter verwehrter Anerkennung – sei es nun aus einem frühkindlichen oder einem gesellschaftlichen Mangel heraus –, wird der Kampf um Anerkennung auch in die göttliche Zone hineinverlegt. Gott erscheint dann als Projektionsfläche des eigenen Hasses, als Instrument der Abgrenzung und als Bündnispartner im Kampf um die Zurückdrängung der anderen. Sowohl im islamistischen wie im abendländischen Fundamentalismus kann diese Logik beobachtet werden. Ohne das Phänomen des islamistischen Terrorismus zu sehr vereinfachen zu wollen, legt sich doch die Vermutung nahe, dass viele Selbstmordattentäter auch aus einer Situation verwehrter Anerkennung heraus handeln, in der ihnen wesentliche Zugänge zu angemessener wirtschaftlicher und kultureller Partizipation fehlen – und zu deren Biografie zudem noch eine Art Kollektivdemütigung durch massive kriegerische Handlungen des Westens zählt. Darauf wies bereits der Publizist Carl Amery (1922–2005) hin, als er bemerkte, dass der Islam heute die Droge der *ohnmächtigen Gekränkten* sei.[11]

Aber auch der abendländische Fundamentalismus – sei es nun in seiner christlichen oder in seiner säkular-kulturellen Spielart – lebt von der schroffen Abgrenzung gegenüber einem als feindlich konstruierten Gegenüber, das sich zumeist in der Gestalt des Islam verdichtet. An die Vereinfachung der Weltwahrnehmung schließt sich die Vereinfachung des Gottesbildes an: Gott wird zum Kampfbegriff gegen die anderen gemacht und dient als verlängerter Arm eigener Unterwerfungs- und Auslöschungsphantasien. Die Bedingung für die Anerkennungsfähigkeit anderer ist und bleibt eben die Erfahrung eigenen Anerkanntseins – und die Verarbeitung von Entwertungserfahrungen. Bleibt das aus, wird auch die Religion kaum als Kraft wirksam werden können, die eine Haltung der Anerkennung befördert. Wird dagegen Anerkennung gewährt – idealerweise im familiären wie im gesellschaftlichen Kontext –, kann auch die Religion zu ihrer reifen Form finden und positive Prozesse der wechselseitigen Beziehung zu Fremden begründen.

Es war insbesondere der Psychoanalytiker Arno Gruen (1923–2015), der scharfsichtig diesen Zusammenhang zwischen verweigerter eigener Anerkennung und späterer Fremdenfeindlichkeit aufwies. Er deutet die Ablehnung des Fremden als die Abwehr des Fremden in sich. Dieses Fremde sei der abgespaltene Schmerz darüber, in seiner kindlichen Bedürftigkeit nach Anerkennung, Liebe und Verstandenwerden von den Eltern zurückgewiesen worden zu sein. Diese Zurückweisung erzeuge im Kleinkind eine so bodenlose Vernichtungsangst, dass ein psychisches Überleben ohne die Abspaltung der Verlassenheitsgefühle und die totale Anpassung an die Eltern nicht möglich scheint. Der Preis dafür ist hoch: Es ist der Verlust des authentischen Fühlens, der Empathie und der eigenen Identität. Folgt man dieser Gruen'schen Psychoanalyse des Fremdenhasses, dann kann ein Kind, das nicht ausreichend von seinen Eltern geliebt wurde, gar nicht eigene Gefühle ausbilden – es muss sie ersetzen durch die Übernahme der Vorgaben der Eltern, durch die totale Identifikation mit ihrer Macht. Gruen schreibt: „Das Eigene des Kindes wird durch das Fremde der Eltern ersetzt. Eine Identität, die sich auf diese Weise entwickelt, orientiert sich nicht an eigenen inneren Prozessen, sondern am Willen einer Autorität und entsprechenden Rollenklischees männlichen Heldentums. Männliche Stärke und nicht Empathie werden so zum Kern einer Identität, die keine eigene ist."[12] Dies geschieht aus dem ohnmächtigen Ringen darum, nicht verlassen zu sein. Weil allein die Anpassung an die Eltern Sicherheit gewährt. In der daraus erwachsenden

Scheinidentität des bloßen Angepasstseins an die Eltern wird Fremdes zur Bedrohung schlechthin. Denn im Fremden begegnet man gleichsam der Bodenlosigkeit des *eigenen Fremdseins*, des eigenen Nicht-Anerkanntseins. In der Ersatzidentität des angepassten und enteigneten Selbst bleibt nur die Abwehr des anderen – um des psychischen Überlebens willen. Es gilt dann gewissermaßen der Satz „Ich bin nichts (ich durfte nichts sein), darum kann ich auch für andere nichts sein (kann die Begegnung mit Andersartigem nicht aushalten), da sie mich an mein eigenes Fremdsein zu bedrohlich erinnert." Der Fremdenhass kann in dieser Lesart begriffen werden als eine *psychische Überlebensstrategie*: „Der Feind, den wir im Anderen zu sehen glauben, muss ursprünglich in unserem eigenen Inneren zu finden sein. Diesen Teil von uns wollen wir zum Schweigen bringen, indem wir den Fremden, der uns daran erinnert, weil er uns ähnelt, vernichten."[13]

Menschen, die in dieser Weise ihre eigene Bedürftigkeit nach Anerkennung abspalten mussten, erleben jede Einfühlung mit anderen als Bedrohung. „Sie verwerfen ihre eigene Sicht, ihre Empathie, ihre Empfindungen. Das Eigene wurde zum Fremden gemacht. So wird unsere Menschlichkeit zum Feind, der unsere Existenz bedroht und der unter allen Umständen bekämpft und vernichtet werden muss", so Gruen weiter.[14] Solche Menschen seien im Grunde beziehungslos, da sie weder die Intimität von Nähe noch Mitgefühl kennen. Laut Gruen lässt sich somit auch der gewissermaßen autoritäre Charakter dieser Menschen erklären: „Menschen ohne Inneres sind ständig auf der Suche nach einer überhöhten Macht, der sie sich unterwerfen können, weil sie kein Eigenes haben."[15]

Und so sei es auch erklärbar, dass sich ein von außen betrachtet irrationaler und überwertiger Hass auf Fremde Bahn brechen kann in pogromähnlichen Angriffen. Denn was da so rasend bekämpft wird, sei das plötzlich in Gestalt der Fremden auf sie von außen zukommende abgespaltene *eigene Bedürfnis nach Annahme,* nach Bemutterung und nach Versorgung, nach Liebe und nach Anerkennung. Als im Jahr 1991 in Hoyerswerda die Wohnheime vietnamesischer Gastarbeiter brannten, könnte das laut Gruen auch aus der besonderen DDR-Sozialisation der Täter erklärbar sein: „Die Mütter, meist Alleinerziehende, waren so beschäftigt mit ihrem beruflichen Weiterkommen, dass für ihre Kinder keine Zeit übrig blieb. Diese mussten sich dem Diktat ihrer Mütter (...) einer leistungsorientierten, ‚sozialistischen' Kultur fügen. Der Hass auf sich selber, auf ihre menschlichen Teile, die Liebe und Zärtlichkeit benötigten, war enorm und explodierte folgerecht in einer Gewalt gegen die vietnamesischen Fremden. (...) Der Fremde ist ja der innere Feind."[16]

Bisweilen verschleiert sich ein solches inneres Abwehrmanöver auch durch ein überhöhtes Männlichkeitsideal, in dem Empathie verachtet und eine Kultur der Stärke glorifiziert wird. Nächstenliebe, Mitleid und Anerkennung werden dann als Werte abgelehnt. Gruen gibt zu bedenken, dass es ganz und gar nicht leicht ist, innerhalb einer solchen Kultur der Stärke *die Falschheit* der Härte zu durchschauen. Denn man ist ja selbst ein Teil dieser Kultur und faktisch von ihr geprägt. Trotzdem gibt es nur einen Ausweg aus dieser falschen und potentiell gewalttätigen Kultur der Stärke: das Erlernen von Empathie. „Diese Fähigkeit, die in unserem Kulturkreis vielleicht nur ein Drittel der Bevölkerung vollkommen entwickelt hat, schützt und sichert ein Überleben der Demokratie. Das Einfühlen in den Schmerz und das Leid macht das Böse unmöglich. (...) Diejenigen, die den Fremden in sich selber spüren und erkennen, werden ihre Individualität, ihre Vitalität und ihre Liebe zum Leben entfalten können", schreibt Gruen.[17]

Arno Gruen wurde an dieser Stelle deshalb so ausführlich zu Wort gebracht, weil seine Analyse aktueller nicht sein könnte und ein helles Licht auf die mentalen Unterströmungen der aktuellen Entwicklungen hin zu Fremdenfurcht und Nationalismus wirft. Gleichzeitig zeigt er aber auch, wie leicht Ideologien oder auch die Religion zum Spielball psychischer Kompensationen des frühkindlichen Liebes- und Anerkennungsmangels werden können. Das eigentliche Problem stellt in dieser Sichtweise nicht die fundamentalistische Religion an sich dar, sondern die darunter liegenden mangelhaften Anerkennungsverhältnisse und die prekäre psychische Verfasstheit der Einzelnen. Es erscheint dann fast als unmöglich, mit dem wohlmeinenden Appell nach einer reifen und anerkennungsfähigen Religion an Menschen heranzutreten, die selbst gefangen sind in einem tiefen Schmerz – Menschen, die sich selbst nicht als anerkannt erleben durften und die deshalb kein eigenes, selbstbestimmtes, erfülltes Leben leben können. Insofern müsste zum einen die fundamentalistische Religion entlarvt werden als die projektive Abwehr eigener Abwertungserfahrungen, und andererseits müsste versucht werden, auch im Raum der Religion Empathie über die Bejahung des eigenen Selbstseins und Entdämonisierung des Anderen zu fördern. Wie dies allerdings ohne die psychotherapeutische Bearbeitung des frühkindlichen Schmerzes der Nicht-Anerkennung gelingen soll, bleibt eine offene Frage. An dieser Stelle genügt es, auf dieses Problem hinzuweisen. Die folgende Diskussion der psychoanalytischen Anerkennungstheorien wird möglicherweise den einen oder anderen Ausweg aufzeigen. Er wird in der Schaffung und Stärkung einer Kultur der Beziehung und Anerkennung sowie in einer Ausbreitung der Psychotherapie liegen.

Die institutionalisierte Religion selbst scheint gut beraten zu sein, ihrerseits auf ein psychologisches Verständnis von Glaubensprozessen zu achten und zwischen malignen (bösartigen) und benignen (gutartigen) Gottesbildern und Glaubensvorstellungen zu unterscheiden sowie diejenigen Potentiale stark zu machen, die eine Anerkennung des Eigenen und des Anderen befördern. Die akademische Theologie hat sich jedenfalls in den letzten Jahren bereits vereinzelt dem Diskurs über Anerkennung geöffnet mit einer Analyse jener Potentiale der Religion, die für gelingende Anerkennung fruchtbar gemacht werden können. Dieser spezifische Blickwinkel auf den Zusammenhang von Anerkennung und Religion scheint heute notwendiger denn je. Denn es wird in den kommenden Jahren zentral um die Gewährung und Verweigerung der vielfältigen Formen gesellschaftlicher Anerkennung gehen.

Das hat der Frankfurter Sozialphilosoph Axel Honneth bereits Anfang der 90er Jahre des vergangenen Jahrhunderts erkannt, als er sein Buch „Kampf um Anerkennung" schrieb. Es hat sich als ein weit vorausschauendes Buch erwiesen. Mit dem Begriff der Anerkennung hat Honneth einen Schlüsselbegriff zum Verständnis vieler gegenwärtiger Konflikte gefunden. Anerkennung ist eine harte Währung geworden. An ihr hängt nicht nur die Möglichkeit der Teilhabe, sondern auch die Würde des Einzelnen.

Es zeigt sich, dass jede Erklärung des Menschen und der Gesellschaft zu kurz greift, die nicht das grundlegende menschliche Angewiesensein auf Anerkennung berücksichtigt. Der Mensch ist und bleibt ein Beziehungswesen und von Anfang an abhängig von der Anerkennung durch andere. Er ist ein Wesen, das im Eingebettetsein wechselseitiger Anerkennungsverhältnisse leben muss. Und deshalb ist eine Gesellschaft, der es um das Wohl aller ihrer Mitglieder geht, gut beraten, auf die Gewährung und Gewährleistung von Anerkennung zu achten.

Das vorliegende Buch möchte den Nährboden dieses Diskurses über Anerkennung, dem sich auch die Religionen stellen müssen, zusammenfassend darstellen: die wichtigsten gegenwärtigen sozialphilosophischen, psychoanalytischen und theologischen Konzepte einer Anerkennungstheorie. Dies geschieht jeweils verbunden mit Überlegungen zu den Folgerungen der einzelnen Konzepte für die Rolle der Religion in der jeweiligen Form einer Kultur der Anerkennung. Im zweiten Teil soll dann genauer nach den besonderen Elementen der Religion gefragt werden, die eine Kultur der Anerkennung fördern oder hemmen können.

Wohlgemerkt: Es gibt nicht nur die *bad news* von den deformierenden Auswüchsen der (unreifen) Religion, die sich der Anerkennung des Anderen verweigert. Es gibt auch hoffnungsvolle religiöse Entwicklungen hin auf eine anerkennungs- und differenzfähige Religion. Dafür sei als Beispiel die Erfahrung des amerikanischen Neurologen und Autors Oliver Sacks (1933–2015) erwähnt. In seinem letzten Buch mit dem Titel „Dankbarkeit" beschreibt er, wie er als Heranwachsender die schlimme Erfahrung einer ausgrenzenden, entwertenden und beschädigenden

Form von Religion machen musste – ein Beispiel für das große Ausgrenzungspotential verabsolutierter Religion. Oliver Sacks erzählt von einem Erlebnis aus seinem achtzehnten Lebensjahr: „Damals fragte mein Vater mich nach meinen sexuellen Neigungen und gab keine Ruhe, bis ich zugab, eine Vorliebe für Jungs zu haben. ‚Ich habe nie etwas getan', sagte ich, ‚es ist nur ein Gefühl – aber sag Ma nichts, sie würde es nicht verkraften.' Doch er sagte es ihr. Als sie am nächsten Morgen herunterkam, sah sie mich voller Abscheu an und rief: ‚Du bist ein Gräuel. Ich wünschte, du wärest nie geboren.' (Zweifellos dachte sie an die Verse im 3. Buch Mose: ‚Wenn jemand bei einem Manne liegt wie bei einer Frau, so haben sie getan, was ein Gräuel ist und sollen beide des Todes sterben; Blutschuld lastet auf ihnen.')" Dieses Erlebnis entfremdete ihn von seiner Herkunftsreligion. Doch am Ende seines Lebens nimmt er die Einladung zur Geburtstagsfeier seiner 100-jährigen Cousine in Jerusalem an – und begibt sich wieder in die Mitte seiner jüdisch-orthodoxen Großfamilie: „Ich hatte ein wenig Angst gehabt, da ich meine orthodoxe Familie zusammen mit meinem Liebhaber Billy aufsuchte – die Worte meiner Mutter lasteten noch immer auf meiner Seele –, aber Billy wurde herzlich willkommen geheißen. Wie grundlegend die Einstellung sich selbst bei orthodoxen Juden gewandelt hatte, zeigte sich, als Robert John [sc. der strenggläubige Cousin] Billy und mich einlud, am Freitagabendmahl im Kreis seiner Familie teilzunehmen."[18]

II. Anerkennung aus sozialphilosophischer Sicht

1. Anerkennung als Grundbedürfnis und Ziel sozialer Bestrebungen: *Axel Honneth*

Wirkungsvoll hat – wie bereits erwähnt – der Sozialphilosoph Axel Honneth mit seinem 1992 erschienenen Buch „Der Kampf um Anerkennung" den Begriff der Anerkennung neu fruchtbar gemacht für den philosophischen und gesellschaftspolitischen Diskurs darüber, in was für einer Gesellschaft wir leben wollen und sollten. Er knüpft darin an jenes allgemein beobachtbare Phänomen an, dass der Einzelne in hohem Maße abhängig ist von den Beurteilungen und Wertzuschreibungen seiner Mitmenschen. „Aus Alltagsbeobachtungen und Literatur dachte ich zu erkennen, dass soziale Konflikte viel eher mit empfundener Missachtung zu tun haben, mit Stolz, mit Empörung darüber, nicht angemessen respektiert zu werden", so Honneth und führt als Beispiel den Umgang mit Arbeitslosigkeit an. Von vielen Betroffenen werde sie als Schmach empfunden – und zwar nicht nur, weil die eigenen Interessen verletzt würden. „Nein, weil Arbeitslosigkeit eben auch bedeutet, keinen Wert mehr zu besitzen in den Augen der Gesellschaft."[19]
Mit Hegel erkennt Honneth am Anfang seiner großen Studie über den „Kampf um Anerkennung" die Ursache für diesen Vorgang:

„Es ist der Anspruch der Individuen auf die intersubjektive Anerkennung ihrer Identität, der dem gesellschaftlichen Leben von Anfang an als eine moralische Spannung innewohnt, über das jeweils institutionalisierte Maß an sozialem Fortschritt wieder hinaustreibt und so auf dem negativen Weg eines sich stufenweise wiederholenden Konfliktes allmählich zu einem Zustand kommunikativ gelebter Freiheit führt."[20]

Insofern ist tatsächlich das elementare Bedürfnis nach Anerkennung als jene Triebkraft anzusehen, die gesellschaftliche Entwicklungen vorantreibt: Subjekte streben nach Veränderung der Verhältnisse, in denen sie ihre Identität nicht vollständig anerkannt finden. Dieser aus einem sozialen Konflikt resultierende *Kampf um Anerkennung* ziele letztlich auf die intersubjektive Anerkennung der spezifischen Individualität eines Menschen.[21]

Hegel unterscheidet dabei zwei natürliche Formen der Anerkennung: der emotionale Austausch in der ursprünglichen Beziehung zu den primären Bezugspersonen und die gesellschaftlich zuerkannte Rolle als Rechtssubjekt.[22] Entscheidend ist Hegel zufolge der *intersubjektive* und der *reziproke* Charakter der Anerkennung, das heißt: Anerkennung wird erworben, gewährt und aufrechterhalten in zwischenmenschlichen Beziehungen, in denen es auf die *Wechselseitigkeit* dieses Anerkennungszuspruchs ankommt. Honneth erkennt drei Stufen der sozialen Anerkennung im Hegel'schen Werk: Zunächst das „affektive Anerkennungsverhältnis" in der *Familie*, dann das „kognitiv-formelle Anerkennungsverhältnis" des *Rechts* sowie das „emotional aufgeklärte Anerkennungsverhältnis" des *Staates*.[23]

Explizit von „Anerkennung" spricht Hegel allerdings zunächst nur im Zusammenhang mit der Erfahrung der *Liebe*, die er als ein Verhältnis der wechselseitigen Anerkennung definiert – beruhend auf dem Vorgang des Sich-im-anderen-Erkennens. Diese elementarste Form der zwischenmenschlichen Anerkennung begründet das gesellschaftspolitische Element im Subjekt: „dass ein Individuum, das seinen Interaktionspartner nicht als bestimmte Art von Person anerkennt, auch sich selbst nicht vollständig oder uneingeschränkt als eine solche Person zu erfahren vermag." Für die Anerkennungsbeziehungen bedeutet das, dass sie gewissermaßen einen *Zwang zur Reziprozität* enthalten, der die sich begegnenden Subjekte gewaltlos dazu nötigt, auch ihr soziales Gegenüber in einer bestimmten Weise anzuerkennen.[24]

Dabei stelle die fundamentale Erkenntnis, dass die sich begegnenden Subjekte wechselseitig angewiesen sind auf die jeweilige Anerkennung des anderen die Basis für jede Gesellschaftsorganisation dar. Denn den Schutz vor Verletzung der eigenen Person kann man sich nicht selbst geben. Bei Hegel ist es die Wahrnehmung der *Sterblichkeit*, die diese Wechselseitigkeit des Anerkennungsverhältnisses begründet: dass man aufgrund der eigenen Verletzlichkeit ein Mindestmaß an Schutz bedürfe, der nur auf dem Weg der wechselseitigen Gewährung gesichert sei. Bei Honneth ist es dagegen die Wahrnehmung der *moralischen Versehrbarkeit* des Gegenübers, die verbindliche Anerkennungs- und Rechtsverhätnisse entstehen lasse.[25] Bei diesen grundlegenden Formen wechselseitiger Anerkennung gehe es letztlich um Weisen eines „Bei-sich-selbst-Seins im Anderen":

„Wenn der Wert, den eine Person der anderen in der Anerkennung einräumt, nämlich zugleich ein wichtiger Teil ihres eigenen Selbstverständnisses ist, dann darf sie die anerkennende

Reaktion jenes anderen als eine öffentliche Bekräftigung ihres Selbstseins begreifen, welches damit in der sozialen Welt ein zwangloses Zuhause findet."[26]

In einem weiteren Schritt unterscheidet Honneth mit Hegel die drei Anerkennungssphären der *Liebe*, des *Rechts* und der *Sittlichkeit*, in welchen sich stufenweise die Freiheitsspielräume des Individuums in einem immer größer gespannten Netzes wechselseitiger Anerkennung erweitern. Unter *Sittlichkeit* verstehe Hegel „die Art von sozialen Beziehungen, die entsteht, wenn sich die Liebe unter dem kognitiven Eindruck des Rechts zu einer universellen Solidarität unter den Mitgliedern eines Gemeinwesens geläutert hat". Weil in dieser Einstellung jedes Subjekt den Anderen in seiner individuellen Besonderheit achten könne, vollziehe sich in ihr die anspruchsvollste Form der wechselseitigen Anerkennung.[27]

Honneth arbeitet nun diese drei Anerkennungsformen der *Liebe*, des *Rechts* und der *Solidarität* zu einer kritischen Theorie der modernen Gesellschaft aus. Unter *Liebe* versteht er dabei alle Primärbeziehungen, soweit sie nach dem Muster von erotischen Zweierbeziehungen, Freundschaften und Eltern-Kind-Beziehungen aus starken Gefühlsbindungen zwischen wenigen Personen bestehen. Dabei werde eine Erfahrung von *Abhängigkeit* gemacht, die dem Subjekt sein grundlegendes Angewiesensein auf Andere eröffnet. Unter Rückgriff auf psychoanalytische Erkenntnisse beschreibt Honneth die Anerkennungsform der *Liebe* als einen Prozess, „dessen Gelingen von der wechselseitigen Aufrechterhaltung einer Spannung zwischen symbiotischer Selbstpreisgabe und individueller Selbstbehauptung abhängig ist." Es geht um die Vorstellung, dass die Liebesbeziehung idealerweise eine *durch Anerkennung gebrochene Symbiose* darstellt. Ohne die gefühlsmäßige Sicherheit, dass die geliebte Person auch nach der erneuten Verselbstständigung ihre Zuneigung aufrechterhält, wäre dem liebenden Subjekt die Anerkennung der Unabhängigkeit gar nicht möglich. In der Anerkennungsform der *Liebe* geht es um den doppelten Vorgang einer gleichzeitigen *Freigabe* und emotionalen *Bindung* der anderen Person.[28]

Im Anerkennungsverhältnis des *Rechts* als nächster Stufe wird dann versucht, die Reziprozität des Anerkennungsverhältnisses zwischen den einzelnen Subjekten einer Gesellschaft eine institutionalisierte Form zu verleihen. „Die Rechtssubjekte erkennen sich dadurch, dass sie dem gleichen Gesetz gehorchen, wechselseitig als Personen an, die in individueller Autonomie über moralische Normen vernünftig zu entscheiden vermögen." Dabei garantiere das *Recht* eine Anerkennung, die unabhängig von der affektiven und leistungsbezogenen Dimension des Anerkennungsvorgangs ist. In modernen Gesellschaften würden diese Formen auseinandergehalten, indem das *Recht* einerseits allgemeine Normen anwendet und garantiert und die *soziale Wertschätzung* eines Menschen aufgrund seiner Eigenschaften oder Fähigkeiten davon unabhängig praktiziert wird. Ein Ausschluss aus der rechtlichen Anerkennung bedeutet dabei nicht nur den Entzug der rechtlichen Teilhabe an der Gesellschaft, es schmälert auch die Selbstachtung und führt zu „sozialer Scham", was dann wiederum Antriebskraft für soziale Kämpfe zur Erweiterung rechtlicher Anerkennungsverhältnisse sein kann.[29]

Schließlich ist die bereits erwähnte Anerkennungsform der *sozialen Wertschätzung* in modernen Gesellschaften zu beobachten. Hierbei kommt die Vorstellung einer von allen universell geteilten menschlichen Würde besondere Bedeutung zu, die eine grundsätzliche Anerkennung jenseits sozialer Zugehörigkeiten und Fähigkeiten sichere. Darüber hinaus bemisst sich das soziale Ansehen der Subjekte an den individuellen Leistungen, die sie im Rahmen ihrer Formen der Selbstverwirklichung gesellschaftlich erbringen. Wobei es auch hier wohlgemerkt einen Kampf um Anerkennung gibt, in dem ausgehandelt wird, welche Leistung und Fähigkeit als gesellschaftlich gewertschätzt gelten kann. Der Begriff der *Solidarität* bezeichnet demgegenüber aber ein Interaktionsverhältnis, in dem sich die Subjekte wechselseitig in ihren unterschiedlichen Lebenswegen wertschätzen. Diese „symmetrische Wertschätzung" sei Voraussetzung für die Solidarität in modernen Gesellschaften, denn sie ermögliche einen *gemeinsamen Wertehorizont*, in dem die unterschiedlichen Fähigkeiten als gesellschaftlich bedeutsam erscheinen.[30]

Von diesen drei Anerkennungsformen hebt Honneth am Ende noch spiegelbildlich drei Formen der *Missachtung* ab, die als Formen verweigerter Anerkennung betrachtet werden können: die *Vergewaltigung*, die *Entrechtung* und die *Entwürdigung*, die das intersubjektive Anerkennungsgefüge eines Subjekts zerstören und es damit als ganze Person beschädigen. Während *Folter* oder *Vergewaltigung* die Grundlage der Subjektwerdung sprengen – das Vertrauen in einen Respekt gegenüber dem eigenen Körper – und damit einen Zusammenbruch des Vertrauens in die Zuverlässigkeit der sozialen Welt und der eigenen Selbstsicherheit herbeiführen, geht mit der *Entrechtung* oder dem *sozialen Ausschluss* ein Verlust der Selbstachtung und der Fähigkeit einher, sich auf sich selbst als gleichberechtigten

Interaktionspartner seiner Mitmenschen zu beziehen. Die Herabwürdigung von individuellen oder kollektiven Lebensweisen innerhalb einer Gesellschaft, die sich als Beleidigung oder Respektlosigkeit äußern kann, verursacht einen *Entzug der Gruppensolidarität* und die Behinderung der Selbstverwirklichung. Während Folter oder Vergewaltigung den *psychischen Tod* des betroffenen Individuums zur Folge haben, kann bei der Entrechtung vom *sozialen Tod* und bei der kulturellen Herabwürdigung von einer *Kränkung* gesprochen werden.[31]

Zusammenfassend kann gesagt werden, dass der Mensch grundlegend abhängig ist von der Erfahrung intersubjektiver Anerkennung seines Lebens und seiner Leistungen, um sowohl in einer sozialen Gemeinschaft zu bestehen als auch zu einer geglückten Selbstbeziehung zu gelangen. Missachtungserfahrungen sind deshalb so verheerend, weil menschliche Subjekte sich untereinander mit *Anerkennungserwartungen* begegnen, an denen die Bedingungen ihrer psychischen Integrität haften. Insbesondere das aus der Missachtung resultierende Gefühl der *sozialen Scham* muss demzufolge als eine wesentliche Triebkraft für die Auslösung sozialer Widerstandsprozesse in sozialen Bewegungen angesehen werden. Mit diesem Widerstand eröffnet sich der missachtete/entrechtete/ausgeschlossene Einzelne eine Äußerungsform, anhand derer er sich indirekt von seinem eigenen moralischen oder sozialen Wert überzeugen kann. Und er versorgt sich mit der „antizipierten Anerkennung einer zukünftigen Kommunikationsgemeinschaft"[32].

Axel Honneth fasst seine Analyse so zusammen:

„Demzufolge sind es die drei Anerkennungsformen der Liebe, des Rechts und der sozialen Wertschätzung, die erst zusammengenommen die sozialen Bedingungen schaffen, unter denen menschliche Subjekte zu einer positiven Einstellung gegenüber sich selber gelangen können; denn nur dank des kumulativen Erwerbs von Selbstvertrauen, Selbstachtung und Selbstschätzung, wie ihn nacheinander die Erfahrung von jenen drei Formen der Anerkennung garantiert, vermag eine Person sich uneingeschränkt als ein sowohl autonomes wie auch individuiertes Wesen zu begreifen und mit ihren Zielen und Wünschen zu identifizieren."[33]

Der Weg zu einer Kultur der Anerkennung hat demzufolge immer wieder jene Formen zu etablieren, die der einzelnen Person ihr Dasein als ein anerkanntes, geachtetes, berechtigtes und gesichertes erscheinen lassen und ihm damit sowohl eine *Selbstachtung* gewähren als auch die *Teilhabe* an der Gesellschaft.

Immer wieder scheinen dafür Kämpfe nötig zu sein, um diese keineswegs selbstverständlichen Formen der Anerkennung zu erhalten oder zu erweitern. Innerhalb solcher Kämpfe um „unverzerrte Formen der Anerkennung" sei es laut Honneth wichtig, einen „hypothetischen Vorgriff auf einen kommunikativen Zustand zu gewinnen, in dem die intersubjektiven Bedingungen personaler Integrität als erfüllt erscheinen"[34]. Dies ist meines Erachtens als ein bedeutendes Moment anzusehen, um zu einer echten Kultur der Anerkennung zu gelangen: dass man einen Begriff von dem hat, wie es sein sollte beziehungsweise wie es *nicht* sein sollte. Es ist möglicherweise jener Prozess, den Adorno einmal folgendermaßen beschrieben hat: „Philosophie, wie sie im Angesicht der Verzweiflung einzig noch zu verantworten ist, wäre der Versuch, alle Dinge so zu betrachten, wie sie vom Standpunkt der Erlösung aus sich darstellten."³⁵ Dabei ging es Adorno nicht um die Ausmalung eines Paradieses, sondern um die Überwindung jener Verhältnisse, die das Leben der Einzelnen beschädigen und entwürdigen durch Herrschaft und Verdinglichung. Was demgegenüber Erlösung sei, deutete Adorno einmal als negative Utopie an, die über den Weg des kritischen Denkens entstehe als „eine Ordnung des Möglichen, Nichtseienden, wo die Menschen und Dinge an ihrem rechten Ort wären"³⁶.

Es fällt nicht schwer und liegt wohl auch nicht fern, an dieser Stelle den Begriff der Anerkennung einzufügen und jene Verhältnisse, in denen die Menschen und Dinge an ihrem rechten Ort wären, als einen Zustand gelingender und gesicherter Anerkennungsverhältnisse zu verstehen – im Gegensatz zu den Zuständen der Entwürdigung, Entrechtung und Missachtung, die als beschädigende Verhältnisse beschrieben werden müssen. Axel Honneth deutet skizzenhaft an, wie solche beschädigenden Zustände auf dem Weg des sozialen Widerstands durch soziale Bewegungen kritisiert, bekämpft und überwunden werden können: Entscheidend für solche kollektiven Formen des Widerstandes seien „subkulturelle Semantiken, in denen für die Unrechtsempfindungen eine gemeinsame Sprache gefunden ist, die wie indirekt auch immer auf die Möglichkeiten einer Erweiterung von Anerkennungsbeziehungen verweist"³⁷.

Möglicherweise könnte in diesem Zusammenhang auch der Religion eine unterstützende Rolle zukommen, da sie in ihren Traditionsbeständen durchaus „hypothetische Vorgriffe auf einen kommunikativen Zustand" enthält, „in dem die intersubjektiven Bedingungen personaler Integrität als erfüllt erscheinen" (Honneth). In der jüdisch-christlichen Tradition ist dies sogar ein wesentlicher Zug, da insbesondere die alttestamentliche Prophetentradition sowie die neutestamentliche Jesus-Tradition genau dies zum Thema haben: die Anklage von Zuständen der Ungerechtigkeit, der Entwürdigung und der Entrechtung und das Einklagen von Zuständen, in denen allen Menschen Recht widerfahre und Teilhabe an der Gesellschaft möglich werde.

2. Die fatale Unterscheidung zwischen betrauerbarem und unbetrauerbarem Leben: *Judith Butler*

Einen gewichtigen Entwurf für die Analyse gegenwärtiger Bedingungen gesellschaftlicher Anerkennung legt auch die amerikanische Philosophin Judith Butler mit ihrem Konzept des betrauerbaren Lebens vor. Grundsätzlich geht auch sie von der unhintergehbaren Tatsache der sozialen Verflochtenheit und des Angewiesenseins des Einzelnen auf zwischenmenschliche Beziehungen aus. Butler nennt das die „grundlegende Sozialität des leiblichen Lebens" oder die „primäre Sozialität", die eine Definition des Menschen als grundsätzlich *verletzbares* und *ausgesetztes* Wesen begründe.[38]

Ausgehend von der vorgeburtlichen und frühkindlichen Situation des totalen Angewiesenseins auf die primären Bezugspersonen spricht Butler von einer „primären Prägbarkeit und Verletzbarkeit"[39] des Menschen, die zugleich sein Wesen als *grundsätzliches Gefährdetsein* bestimmen. Dieser Zustand beinhaltet einen normativen Anspruch: Er sollte als „gemeinsame Bedingung menschlichen Lebens" anerkannt werden. Denn „Gefährdung ist nicht einfach als Merkmal *dieses oder jenes Lebens* zu begreifen; sie ist vielmehr eine allgemeine Bedingung, deren Allgemeingültigkeit nur geleugnet werden kann, wenn das Gefährdetsein selbst geleugnet wird." Aus dieser Tatsache, dass menschliche Leben *per definitionem* gefährdet sind, da sie willkürlich oder versehentlich ausgelöscht werden können und ihr Bestand in keiner Weise garantiert ist,[40] ergeben sich zwingende ethische Implikationen:

„Eine Pflicht ergibt sich indes aus der Tatsache, dass wir von Anfang an soziale Wesen und von dem abhängig sind, was außerhalb unserer selbst liegt, von anderen, von Institutionen und von abgesicherten und sichernden Umwelten und dass wir in diesem Sinne von Anfang an gefährdet sind."[41]

Hieraus ergibt sich die zentrale Bedeutung, die dem Vorgang der Wahrnehmung und Anerkennung der Verletzbarkeit zukommt. Denn nur durch diese Anerkennung seiner Verletzbarkeit kann der Mensch in den Schutz sozialer und gesellschaftlich organisierter Absicherung seines Lebens gegen Gefährdung gelangen: „Eine Verletzbarkeit muss wahrgenommen und anerkannt werden, um in einer ethischen Begegnung eine Rolle zu spielen, und es gibt keine Garantie, dass dies geschehen wird."[42]

Denn es ist keineswegs ausgemacht, dass allen Menschen aufgrund ihres bloßen Menschseins und des damit implizierten Zustandes gemeinsamer Verletzbarkeit automatisch eine Anerkennung als ethische Subjekte zuteil wird, aus der sich dann normative Regelungen und Rechte zur Bewahrung vor Gewalt und Ausgesetztsein ableiten ließen. Es scheint insbesondere im Blick auf internationale politische Konflikt- und Krisensituationen offensichtlich zu sein, dass es keineswegs ein universales Verständnis einer allen gemeinsamen Verletzbarkeit gibt, das zu einer wechselseitigen Verantwortung für die Unversehrtheit des jeweils anderen führt.

Wodurch wird laut Judith Butler also Anerkennung ermöglicht? Durch die Wahrnehmung des anderen innerhalb eines normativen Rahmens, der ihn als anerkennbares Wesen sichtbar werden lässt – seiner Bewertung als *Dazugehöriger*. Das zum ethischen Handeln zwingende „Antlitz des Anderen" (Emanuel Levinas) müsse dabei zuallererst aufgenommen werden in die Reihe der anerkannten menschlichen Antlitze – durch einen Vorgang des gesellschaftlich-politischen *framings*: „Zunächst muss es ein Raster für das Menschliche geben, eines, das beliebig viele Variationen als fertige Beispiele umfassen kann." Unsere Fähigkeit, auf ein Antlitz als menschliches zu reagieren, scheint von der Vermittlung durch solche Bezugsrahmen abhängig zu sein, die in dem einen Fall vermenschlichen und im anderen entmenschlichen.[43]

Das bedeutet in letzter Konsequenz eine Entscheidung auf Leben und Tod, denn nur denjenigen kommt Bewahrung vor Beschädigung und Zerstörung zu, die kraft der Legitimation eines gemeinsam konstruierten normativen Bezugsrahmens als *Lebendige* gewertet werden. Alles, was jenseits dieses definierten Bezugsrahmens existiert, erscheint als Nicht-Lebendiges, als nicht ethisch relevant. „Wenn bestimmte Leben gar nicht als Leben gelten oder von Anfang an aus gewissen epistemologischen Rahmen [*frames*] herausfallen, dann werden diese Leben im vollen Wortsinn niemals gelebt und auch niemals ausgelöscht."[44]

Der Anerkennung eines Menschen geht also seine grundsätzliche *Anerkennbarkeit* voraus – also seine grundsätzliche *Wahrnehmung* als Mensch, der bestimmte Bedingungen, Kategorien und Konventionen erfüllt, um in dieser normativ begründeten Gemeinschaft sichtbar und zählbar zu werden. Ist ein Mensch solchermaßen in seinem mit den anderen Mitgliedern der Bezugsrahmengruppe geteilten *Gefährdetsein* erkannt, greifen die Verpflichtungen der Gruppe zur Erfüllung menschlicher Grundbedürfnisse.[45]

In einem weiteren Analyseschritt präzisiert Butler diese Prozesse der Anerkennung eines anderen als ethisches Subjekt über die Rahmensetzungen in einer Gesellschaft mit der Unterscheidung von *betrauerbarem* und *unbetrauerbarem* Leben. Ein anerkanntes Subjekt ist folglich jenes, dessen (fiktiv vorgestellter oder tatsächlicher) Tod eine Bedeutung hat, als Verlust qualifiziert ist und Trauer auslöst. „Betrauerbarkeit ist somit Voraussetzung dafür, dass es auf ein bestimmtes Leben ankommen kann." Im Umkehrschluss bedeutet das: „Wer nicht betrauerbar ist, lebt außerhalb des Lebens." Solche aus- und abgrenzende Verteilung der Betrauerbarkeit in Populationen sei mit dafür verantwortlich, ob wir uns politisch folgenreich *berührt* fühlen oder nicht, ob wir also Entsetzen, Schuld, Verlust empfinden oder Gleichgültigkeit.[46]

Als Beispiel für dieses selektiv gestaltete Verhältnis zum Leben führt Butler an, dass wir nie die Namen der im Krieg getöteten unzähligen Afghanen, Kinder wie Erwachsenen, hören.[47] Daraus ergeben sich unangenehme Fragen nach der *Abseite der Anerkennung*, wie sie in der modernen westlichen Gesellschaft konstruiert wird:

„In welchem Umfang sind arabische Völker, überwiegend praktizierende Gläubige des Islam, aus dem ‚Menschlichen' herausgefallen, so wie dies durch die zeitgenössischen Mechanismen des Humanismus in seiner ‚westlichen' Form naturalisiert wurde? Welche kulturellen Konturen des Menschlichen sind hier wirksam? Welche Grenzen ziehen uns unsere kulturellen Raster, die unsere Vorstellung des Menschlichen prägen, bezogen auf die Sorte von Verlusten, zu denen wir uns als Verlust bekennen können? Und was und wo ist überhaupt der Verlust, und wie findet ein Trauern statt, wenn jemand umkommt und diese Person ein Niemand ist?"[48]

Insbesondere im Kriegszustand werden solche Rahmensetzungen, die zwischen *betrauerbaren* und *unbetrauerbaren* Leben unterscheiden, besonders wirkmächtig. Hier spielen auch die Kriegsberichterstattung und die Inszenierung der Kriegsvorgänge in der medialen Vermittlung eine Rolle. Hierbei wird klarer und manifester als sonst zwischen denjenigen *innerhalb* des gemeinsam geteilten Bezugsrahmens und denen *außerhalb* unterschieden, um die Kriegsvorgänge zu legitimieren und aufrechtzuerhalten. Bestimmte „feindliche" Bevölkerungsgruppen werden als unbetrauerbar und zerstörbar konstruiert, „sie können verloren oder aufgegeben werden, eben weil sie in einem Rahmen dargestellt sind, in dem sie bereits als verloren oder aufgegeben wahrgenommen werden." In dieser Rationalisierung ihres Todes gelte ihr Verschwinden als notwendig, um das Leben der „Lebenden" zu schützen.[49] Die von der Wahrnehmung und Anerkennung Ausgeschlossenen gelten als „Niemande", als Namenlose, als Verlorene, als Negierte, als Nicht-Wahrnehmbare und Nicht-Erinnerbare – ihr Leben wird *derealisiert* und *deno-*

minalisiert. Alle Zerstörung und Beschädigung – etwa durch Bomben, Blockaden oder Drohnen im Krieg – gilt als ethisch neutral, denn es trifft in dieser durch *frames* verzerrten Wahrnehmung keine Gleichen, keine Dazugehörigen, ja nicht einmal wirklich Lebende. Alle Verletzung und Auslöschung derjenigen Körper, die sich unterhalb der Wahrnehmungs- und Anerkennungsschwelle befinden, gilt als legitim und geschieht wie in einer merkwürdigen Unsichtbarkeit. „Nichts davon spielt sich in der Ordnung der Ereignisse ab. Nichts davon findet statt. Im Schweigen der Zeitung gab es kein Ereignis, keinen Verlust – und dieses Fehlen der Anerkennung wird autorisiert durch eine Identifikation mit denjenigen, die sich mit den Gewalttätern identifizieren."[50] Deshalb seien insbesondere die öffentlichen Trauerriten in Zeiten des Krieges entlarvend: Wer wird betrauert? Wer erhält einen Nachruf? Wessen Name wird erinnert? Und wer wird kategorisch ausgeschlossen? Wessen Tod bleibt unbetrauert? Wer gilt nicht als Verlust? „Die Derealisierung des Verlusts – die Unempfänglichkeit für menschliches Leiden und Tod – wird zum Mechanismus, über den die Entmenschlichung erreicht wird."[51]

Es überspannt den Bogen wohl nicht, wenn an dieser Stelle auch Assoziationen wach werden zu den sozialpsychologischen Mechanismen der NS-Herrschaft, die in letzter Konsequenz dazu führten, dass die Angehörigen des jüdischen Volkes derart *dehumanisiert* erschienen, dass ihre Auslöschung geschehen konnte ohne auf nennenswerten Widerstand zu stoßen. Ein Bestandteil der NS-Ideologie war es, „die Juden" als Gegensatz zu „den Deutschen" zu konstruieren und sie aus der „Volksgemeinschaft" auszuschließen. „Die Juden" waren „die Kehrseite der

Phantasie der ‚Herrenrasse'". Sie waren dem „‚Wir' der geborenen Herren diametral entgegengesetzt" und als „Gegenrasse" der Vernichtung preisgegeben.[52] Hannah Arendt beschrieb diesen Vorgang der Ent-Menschlichung der Juden als Vorbedingung ihrer massenhaften Ermordung: Aberkennung ihres Subjekt-Status, systematische Entrechtung und Exkludierung aus dem Gesellschaftszusammenhang, Diffamierung als „zerstörererische Elemente", kollektiv geduldete Verschleppung und Ermordung, ohne dass dabei Schuld oder gar Trauer empfunden wurde, ohne dass ein Verlust gespürt oder postuliert wurde. „Es gab eine Wand zwischen Nichtjuden und Juden", zitiert sie einen Zeitzeugen.[53] Arendt nannte das den „totalitären Versuch, Menschen überflüssig zu machen": „Wenn die Insassen (sc. der Konzentrationslager) Ungeziefer sind, ist es logisch, dass sie durch Giftgas getötet werden; wenn sie degeneriert sind, sollte es ihnen nicht erlaubt sein, die Bevölkerung zu infizieren."[54]

Der Weg zu einer universalen Kultur der Anerkennung ist Judith Butler zufolge auch heute weit, da er an den Grundfesten der westlich-modernen Kultur und ihren zementiert scheinenden Bezugsrahmen rüttelt. Butler skizziert dennoch einige Schritte zur Rückgewinnung einer ethischen Perspektive auf die Ausgeschlossenen, Schritte zur Anerkennung *aller* Menschen in ihrer gemeinsamen Verletzlichkeit und wechselseitigen Angewiesenheit. Mit Lévinas versucht sie, die Ausgeschlossenen wieder in den Bereich der Sichtbarkeit und Wahrnehmung zu integrieren, indem sich ihren Antlitzen ausgesetzt wird: „Auf das Gesicht zu reagieren, seine Bedeutung zu verstehen heißt, wach zu sein für das, was an einem anderen Leben gefährdet ist, oder vielmehr wach zu sein für die

Gefährdetheit des Lebens an sich." Deshalb gehe es zunächst darum, den aus dem Gesichtskreis der Wahrnehmung Ausgeschlossenen zur Darstellung zu verhelfen, ihre Gefährdetheit sichtbar und hörbar zu machen, dass auf den „Schrei des Menschlichen" reagiert werden könne.[55] Es gehe um die Rückgewinnung ethischer Empörung über die Vernichtung von Leben. Und das gehe nur dadurch, dass in den Menschen, die systematisch ausgeschlossen werden aus der Sphäre der Gleichen, das Menschliche und Verletzliche neu wahrgenommen werde – eine Wahrnehmung also jenseits der vorgegebenen kulturellen oder kriegspolitischen *frames*.

Diese Rückgewinnung der Betrauerbarkeit des Lebens der anderen ist letztlich die Rückgewinnung einer empathischen Wahrnehmung des anderen. Auch an dieser Stelle berühren sich im Übrigen die Gedanken Judith Butlers mit denen Hannah Arendts. Denn diese hatte einen Grund für den Zivilisationsbruch von Auschwitz darin ausgemacht, dass zu viele Menschen der *Banalität des Bösen* erlegen waren, das in einer schlichten Empathie-Verweigerung bestand. Nach dem Eichmann-Prozess war für Arendt klar, dass das Böse nichts außergewöhnlich Monströses war, sondern vielmehr das Alleralltäglichste, das von normalen Menschen begangen worden war. Das Böse wurzelt Arendt zufolge vor allem in zwei Dingen: im Verlust der Empathie gegenüber anderen Menschen und im Denken in Klischees. Arendt charakterisiert Adolf Eichmann als jemanden, der schlicht nicht imstande gewesen war, sich vom Standpunkt eines anderen irgendetwas vorzustellen. Er habe sich niemals vorgestellt, was er eigentlich anstellte, so Arendt.[56] Durch das Denken in Klischees käme es schließlich dazu, andere Menschen als überflüssig anzusehen – und sie dann auch überflüssig zu machen. „Je oberflächlicher jemand ist, desto eher wird er sich dem Bösen ergeben. Das ist die Banalität des Bösen."[57] Das Gegengift könnte also in der Weigerung bestehen, in Klischees und ohne Empathie über andere Menschen zu denken.

Für diesen von Judith Butler angestoßenen Prozess einer neuen Wahrnehmung der ausgeblendeten Anderen, für die Etablierung einer universalen Kultur der Anerkennung könnte auch der Religion eine Aufgabe zukommen. Denn insbesondere im nicht-westlichen Kulturkontext dient die Religion als ein semiotisches Bezugssystem, das dem Einzelnen auch eine alternative Sicht auf gesellschaftliche Vorgänge der Verachtung und des Ausschlusses ermöglichen kann. Denn die Religion kann mittels mythisch-emanzipativer Prozesse eine ähnliche Rolle für die Selbstermächtigung des Menschen spielen wie im Westen die klassischen rationalistisch-emanzipativen Prozesse der Aufklärung.

Beispielsweise kann die biblische Tradition in ihrer für Gläubige hohen normativen Bedeutung ein Motor für Prozesse sein, in denen sich Menschen anschicken, gegen die bedrückenden und beschädigenden Verhältnisse aufzustehen. Sie können sich dann beispielsweise über die Zusagen Gottes und über den Zusammenhalt der Gemeinde mit Anerkennung und Solidarität versorgen, die ihnen in der Gesellschaft verweigert werden – und Wege aus der Beschädigung heraus finden. Der Erlanger Theologe Hans G. Ulrich schreibt über diese religiösen Prozesse der Anerkennung und Subjektwerdung:

„Die darin erscheinende Freiheit schließt ein, dass Menschen im Zusammenleben und in der Kooperation das erproben, was mit

Gottes Gerechtigkeit gegeben ist und sie Menschen sein lässt – eben diejenigen, die nicht auf ihre Selbst-Behauptung, nicht auf ihr Selbst und seine Quelle zurückgeworfen sind. Es ist die Freiheit zum Mensch-Sein im Mensch-Werden. Es ist die Freiheit zu einem Subjekt-Sein, das die Befreiung von seiner Selbstbehauptung und dem ‚Kampf um Anerkennung' erfährt. Es ist die Freiheit zu einer politischen Bürgerexistenz, zu einer iustitia civilis, einer mitzuteilenden Gerechtigkeit."[58]

Dieser Ansatz ist insbesondere in der sogenannten Befreiungstheologie wirksam geworden, die ein genuin religiös begründetes Gegenprogramm zur Ausschlusslogik des Kapitalismus entwickelt hat. Deren Anliegen fasst der asiatische Theologe Raymond Fung so zusammen:

„Wir möchten den Kirchen gern sagen, dass der Mensch nicht nur wegen der Sünden seines eigenen Herzens verloren ist, sondern auch wegen der vielfachen tödlichen Unterdrückung seitens der Herrschaften und Mächte dieser Welt, seitens all der dämonischen Kräfte, die menschliches Leben und damit zusammenhängende Einrichtungen in einem Netz mannigfaltiger Unterwerfung gefangen halten und sich sogar in dessen Strukturen einnisten."[59]

In gewisser Weise geschieht auf dem Weg der Inanspruchnahme biblischer Zusagen ein *reframing* der sozialen Situation: Allem Anschein zum Trotz erleben sich die Menschen als wertvoll, würdig und berechtigt und ziehen daraus Mut, Kraft und Ideen zur Veränderung ihrer sozialen Wirklichkeit – auf mehr Anerkennung und Partizipation hin. Menschen machen sich auf, Subjekte ihrer Geschichte zu werden. Sie wehren sich dagegen, Opfer zu bleiben. Sie drängen zurück in die Sphäre der Lebenden, der betrauerbaren Subjekte. „Es geht um ein Leben in Würde; es geht darum, dass die Menschen Träger ihrer Geschichte sein können. Gott rechtfertigt den Menschen (erklärt ihn für gerecht und macht ihn gerecht), damit er die ungerechte Welt, in der er nun einmal zu leben hat, verändert, weil sie ihn ständig ausschließt, entmenschlicht und sogar umbringt."[60]

Es geht dieser befreiungstheologischen Bewegung wesentlich um die aktive Rückgewinnung von Wert und Würde in einer Situation des massiven Bedrohtseins durch ein ausschließendes und ausbeutendes Wirtschafts- und Finanzsystem, damit die Ausgrenzung sowohl auf der mentalen als auch auf der realen Ebene rückgängig gemacht wird. Denn es geht bei den Prozessen des Ausschlusses anderer eben auch um eine mentale Ausgrenzung, wie der Befreiungstheologe Tomás Hanks betont: „Das Problem, das die Armen am wenigsten in den Griff bekommen, ist, dass sie unentwegt beleidigt, gedemütigt und beschimpft werden. So behandelt zu werden ruiniert ihr Gefühl für Würde, Selbstachtung und Eigenwert und zerstört systematisch jede Grundlage für die Hoffnung, dass das Ganze überhaupt noch einmal anders werden könnte."[61] Dem wird beispielsweise in vielen Orten Lateinamerikas kirchlicherseits ein alternatives Bezugssystem entgegengesetzt – eines, das sich gründet in dem biblischen Gott, der sich solidarisch zeigt mit den Ausgestoßenen und Ausgeschlossenen, um ihre Befreiung, ihre Erlösung in Gestalt einer transformierten, gerechteren Gesellschaft zu erreichen. „Gottes Logik lässt sich auf die Formel bringen: Leben für alle."[62]

Auch Judith Butler selbst macht darauf aufmerksam, dass die Religion durchaus in Betracht komme als Kraft für den sozialen Kampf um Anerkennung – also für den gemeinsamen Einsatz für die Überwindung des Ausschlusses von Menschen aus der Sphäre der Betrauerbaren. Sie schreibt über die Synergien von säkularen und religiösen sozialen Bewegungen: „[Uns] führen verschiedene Wege in die Politik, [uns] bringen verschiedene Geschichten auf die Straße, veranlassen unterschiedliche Argumentationen und Überzeugungen unser Engagement. Wir müssen uns nicht auf ein einziges Modell der Verständigung, ein einziges Modell der Vernunft, eine einzige Vorstellung vom Subjekt einigen, bevor wir handeln können."[63] Butler verweist dabei auf die indische Feministin Gayatri Chakravorti Spivak, die betont, dass es nicht die *Vernunft* sei, die Frauen bestimmter, von kapitalistischen Firmen ausgebeuteter Stämme politisiere, sondern dass eine Reihe von Werten und ein *Gefühl für das Heilige* dahinterstünden, die über die Religion vermittelt seien.[64]

In diesem Sinne werden neue Koalitionen und Konstellationen denkbar für den Prozess der Reintegration der ausgeblendeten und als nicht betrauernswert eingestuften Menschen in die Gemeinschaft der ethischen Subjekte. Die Zeit einer pauschalen Zurückweisung der Religion als eines reaktionären Projektes, das die Subjekte entmündigt, scheint vorbei zu sein. Nicht zuletzt ist es Papst Franziskus' energisches Auftreten im Zusammenhang mit der Flüchtlingskrise, das die Religion als *global player* für den Kampf um Anerkennung neu qualifizieren könnte. Bei seinem Besuch auf der Insel Lampedusa im Juli 2013 geißelte er genau jenen Mechanismus des Ausschlusses von Menschen aus der Sphäre der Betrauerbaren als Sünde der Gleichgültigkeit. Mit Blick auf die gigantischen Tragödien der heutigen Flüchtlingskrise sagte er:

„Wir haben uns an das Leiden des Nächsten gewöhnt, es geht uns nichts an, es interessiert uns nicht, es ist nicht unsere Angelegenheit! (...) Wir leben in einer Gesellschaft, die die Erfahrung des Weinens vergessen hat, des ‚Mit-Leidens‘: Die Globalisierung der Gleichgültigkeit! (...) Bitten wir den Herrn um die Gnade der Tränen über unsere Gleichgültigkeit, über die Grausamkeit in der Welt, in uns und in denen, die anonymisiert sozial-ökonomische Entscheidungen treffen, die Dramen wie diesem Tür und Tor öffnen. (...) Wer hat geweint? Wer hat in der heutigen Welt geweint? (...) Herr, auch heute noch hören wir deine Frage: ‚Adam, wo bist du?‘, ‚Wo ist dein Bruder?‘."[65]

Gerade solche Äußerungen eröffnen eine neue Sicht auf das Befreiungs- und Anerkennungspotential der Religion, das insbesondere in der Postulierung und Verteidigung einer universalen menschlichen Würde jenseits kultureller und ideologischer Rahmensetzungen entdeckt werden kann.

3. Die Anerkennung der Würde der Tiere als nächster Schritt: *Birgit Mütherich*

Nur andeutungsweise sei an dieser Stelle noch auf einen weiteren Ausblendungszusammenhang hingewiesen, der zwar theoretisch auf der Linie von Judith Butlers Analyse liegt, aber von ihr nicht explizit aufgegriffen wird: die kulturell konstruierte scharfe Unterscheidung zwischen Mensch und Tier. Die im vergangenen Jahrzehnt stark gewordenen Human-Animal-Studies haben diese wirkmächtige Trennlinie zwischen den Spezies als illegitime Herrschaftsstruktur entlarvt und ausdrücklich gefordert, die nichtmenschlichen Tiere in die Sphäre ethischer und rechtlicher Berücksichtigung zu integrieren.[66] Und tatsächlich – so könnte man unter Aufnahme der Butler'schen Analyse sagen – geschieht die Ausbeutung insbesondere der zu „Nutztieren" deklarierten nichtmenschlichen Tiere in einer Sphäre des Unbetrauerbaren: Ihr Leiden überschreitet oft nicht die kritische Schwelle empathischer Wahrnehmung durch die Menschen und geschieht weitgehend geräusch- und kritiklos in einer Art Parallelwelt. Auch im Fall des spätmodernen Mensch-Tier-Verhältnisses handelt es sich weitgehend um ein Verhältnis der verweigerten Anerkennung. Verweigert wird diese Anerkennung den nichtmenschlichen Tieren, die konsequent als „die Anderen" konstruiert werden und denen analoge Grundrechte wie das auf Leben oder körperliche Unversehrtheit abgesprochen werden.

Dass diese verweigerte Anerkennung der Tiere und ihre systematische und strukturelle Verbannung aus dem Kreis der Betrauerbaren kein Zufall, sondern ein tiefsitzender kultureller Vorgang ist, erläuterte die Soziologin Birgit Mütherich (1959–2011). Kulturell habe sich im Blick auf das Tier in unserer westlichen Kultur nicht die Wahrnehmung von Gemeinsamkeiten und Verwandtschaft durchgesetzt, sondern die einer „ontologischen Kluft".[67] „Das Tier" wurde zum Gegenbegriff „des Menschen" konstruiert und in einer andersartigen und minderwertigen Seinssphäre angesiedelt – mit fatalen Folgen für die nichtmenschlichen Tiere. Denn diese waren fortan freigegeben für eine umfassende und grenzenlose Unterdrückung und Ausbeutung durch die Menschen. Indem dem Tier grundsätzlich alle minderwertigen Merkmale zugeschrieben wurden – in Absetzung von der diesbezüglichen Höherwertigkeit des Menschen – konnte das Mensch-Tier-Verhältnis als das grundlegende Herrschaftsverhältnis etabliert werden, das sich in allen Abwertungen und Ausgrenzungen *des Anderen* vollzieht. Diese auf der willkürlichen Abgrenzung zum Anderen basierende Herrschaft manifestiere sich Mütherich zufolge am deutlichsten und offensichtlichsten am Mensch-Tier-Verhältnis:

„Die Idee einer zweckgerichteten Seinsordnung, in der das Unvernünftige zum Nutzen des Vernünftigen gemacht worden sei und von diesem beherrscht werden müsse, wurde am ‚Tier' als dem vermeintlich unvernünftigen, naturverhafteten und determinierten Lebewesen vorexerziert und sanktioniert, besaß aber eine weit größere Reichweite: So wurden auch alle Menschengruppen, denen Vernunftmangel, Triebleitung, fehlende Affektkontrolle, und damit eine unveränderliche, wesensmäßige ‚Naturnähe' zugeschrieben werden konnten, als weitgehend rechtlos und als zu beherrschende Subjekte oder gar Objekte betrachtet; dies betraf prinzipiell Kinder, Frauen, Sklaven, ‚Irre', Besitzlose und ethnische Gruppen wie Zigeuner, ebenso wie Personen mit normabweichendem Verhalten, z. B. Homosexuelle, und bezog sich potentiell auf Nonkonformisten aller Art, die ihre Unvernunft durch eine Kritik der bestehenden Herrschaftsverhältnisse bewiesen."[68]

Insofern liefert dieser spezielle Blick auf die Konstruktion des Herrschaftsverhältnisses Mensch-Tier eine Erklärung dafür, wie es dazu kommen kann, dass ganze Gruppen von Individuen im toten Winkel der gesellschaftlichen Wahrnehmung landen und scheinbar problem- und geräuschlos beschädigt oder beseitigt werden können. *Das Tier* erscheint tiefenkulturell als der Prototyp *des Anderen* – „und dient damit gleichzeitig als *Modell* für hierauf bezogene Handlungsformen – von der Abrichtung und Manipulation über die Entindividualisierung und Ausbeutung bis zur Anonymisierung und Vernichtung", schreibt Mütherich und ergänzt: Damit werde eine Grundhaltung gegenüber dem Anderen eingeübt und tradiert, die auf Distanzierung, Degradierung, Verdinglichung und Gewalt beruhe und elementare Gemeinsamkeiten physischer und psychischer sowie allgemein affektiver, kognitiver und sozialer Art ausblende[69]

Dieser Mechanismus ist prinzipiell übertragbar auf andere Opfergruppen. Es genügt, die abgespaltene Negativseite menschlicher Existenz – Trieb und Tierisches, Irrationalität und Anormalität, Chaos und Rohheit – einer Gruppe zuzuschreiben, um prinzipiell ihren Ausschluss aus der Gemeinschaft der Gleichen zu begründen und ihre Unterdrückung zu legitimieren. Diese tiefenkulturell verankerte Konstruktion von Ausgrenzungsprozessen findet zwar ihre grundlegendste Form im Mensch-Tier-Verhältnis, geht aber letztlich auf eine *dualistische Weltsicht* zurück, die vielfältige Anwendung finden kann. Wenn zwischen Gott und Satan, Gut und Böse sowie Kultur und Natur scharf unterschieden wird, existiert ein tiefenkultureller Code zur Ausgrenzung des Anderen, der sich beispielsweise in Rassismus und Sexismus ausformen kann. „Die Reduktion auf Naturhaftigkeit, Körper und Instinkt sowie die Unterstellung eines Mangels an Vernunft und Individualität, die im Falle der Tiere deren Versachlichung ermöglicht und die totale Herrschaft über ihre Körper und Psychen sichert, gehörte über zweitausend Jahre lang auch zum Ausgrenzungs- und Unterdrückungsmuster gegenüber Frauen", so Mütherich.[70]

Um eine echte Kultur der Anerkennung zu schaffen, in der eben auch auf der tiefenkulturellen Ebene Ausgrenzungs- und Abwertungsmechanismen überwunden werden, bedarf es laut Mütherich der Überwindung jener „metaphysischen Scheidewand", die im westlichen Humanismus zwischen Mensch und Tier – und damit prototypisch zwischen dem Menschen (dem Mann) und dem Anderen (der Frau, dem Andersartigen, dem Naturhaften ...) willkürlich gezogen wurde. Ohne die Dekonstruktion dieses Dualismus bestünden sonst immer wieder die Gefahr und die Möglichkeit, dass sich diese Ausgrenzungsschemata fortsetzen und immer neue Formen finden.[71]

Dass in diese Überwindung der Trennlinie zwischen betrauerbaren und unbetrauerbaren Leben auch die nichtmenschlichen Tiere eingeschlossen werden müssen, ist eine relativ neue, aber letztlich folgerichtige und unabweisbare Konsequenz. Nachdem bereits verschiedene Ausgrenzungsmechanismen wie Sexismus und Rassismus dekonstruiert und delegitimiert wurden, könnte es an der Zeit sein, auch die Ausgrenzung und Abwertung der nichtmenschlichen Tiere als Problem zu begreifen, das einer Lösung harrt.

Einen Beitrag zur Auflösung dieses Ausblendungszusammenhangs und der Integration der nichtmenschlichen Tiere in die Sphäre betrauerbarer Individuen bietet der Dokumentarfilm „Unser täglich Brot" des österreichischen Regisseurs Nikolaus Geyrhalter aus dem Jahr 2005. Er gewährt einen Einblick in jene Parallelwelt, in der das massenhafte Leiden der zur Lebensmittelproduktion bestimmten Tiere stattfindet. Endlos surren da die Bänder mit den aufgehängten Hühnern durch den Schlachthof. Mechanisch werden aus riesigen Behältern die männlichen Küken aussortiert und vergast. Rhythmisch und präzise zerhackt eine Tötungsmaschine den fixierten Fisch. Monoton kreischen die Sägen bei der Schweinezerteilung. Geyrhalter offenbart eine hoch technisierte Welt, in der die Massentötungen von Tieren logistisch-effizient ablaufen – jenseits der Sichtbarkeit. Die Bilder brechen wie aus einer Parallelwelt in unseren Alltag. Von den Zuständen in den Mastfabriken und Schlachtanlagen haben die wenigsten klare Vorstellungen. In Bezug auf die Herstellung der Nahrung herrscht ein weitverbreitetes Nichtwissen, eine bequeme Entfremdung. Die jährliche Schlachtstatistik löst keine Empörung aus. Die Schlachthöfe liegen außer Sicht- und Hörweite. Die Tiertransporter rollen nachts über die Straßen. „Es ist seltsam, dass so ein völliges Abschließen und Nichtwissen in einer offenen Gesellschaft möglich ist", erklärt Geyrhalter. Sein Film bricht diese Entfremdung von den so genannten „Nutztieren" auf. Und gerade die Sachlichkeit seiner unkommentierten Bilder liefert ein Mit-Wissen, um das sich viele wohl lieber gedrückt hätten und das die Grundlage des Gewissens ist (griechisch: Mitwissen). Geyrhalter entlarvt die idyllischen Bilder auf den Wurstverpackungen als zynische Fälschungen. Indem der Film die abgeschottete Welt der industriellen Tiertötung wahrnehmbar macht, fragt er: Wie berechtigt ist die kulturell gezogene Trennlinie zwischen Menschen und Tieren als eine Trennlinie zwischen betrauerbaren und unbetrauerbaren Wesen?

Eine empathische Verbindung zu dem verarbeiteten Tier wird hergestellt. Dessen individuelle Angst und Not, sein Wille zum Leben wird trotz des automatisierten Tötens im Akkord sichtbar. Der Film dokumentiert einen neuen Höhepunkt in der unseligen Geschichte der Unterwerfung der Tiere – sie geschieht heute so präzise und perfide wie nie zuvor. Die sichtbar gemachte Massentötung kann zur Regung eines unbestimmten Schuldgefühls führen. Und möglicherweise könnte diese Gewissensregung eine Spur legen zur Überwindung des grundsätzlichsten Ausgrenzungsverhältnisses der Gegenwart: das gegenüber den Tieren. Es könnte gleichzeitig eine Erinnerung sein an die vergessene Zurechnung des nichtmenschlichen Lebens zu einer *Sphäre der Heiligkeit*. In fast allen Völkern galt – und gilt zum Teil noch – die Tiertötung zur Nahrungsgewinnung als schuldbehafteter Vorgang. Mit Hilfe von Ritualen und Zeremonien wurde und wird versucht, die Schuld des Schlachtens loszuwerden. Das Wissen um die Schuld, die mit dem Töten eines fühlenden Lebewesens verbunden ist, dürfte auch noch im spätmodernen Menschen stecken – zumindest in emotionalen Spurenelementen. Auch in der technisierten Industriegesellschaft ist dieses Urgefühl, das an die ursprüngliche Verbundenheit aller Lebewesen erinnert, noch in Resten vorhanden. Diese Schuld empfinden immer wieder Menschen, nachdem sie Reportagen über Schlachtungen gesehen haben. Eine verdrängte, diffuse Ahnung kommt zu Bewusstsein und wird zum Fall für das Gewissen – und möglicher Lebensstilveränderungen. Einige brechen daraufhin mit Lebensgewohnheiten und werden zu Vegetariern oder Veganern. Ihre Kooperation verwandeln sie in Verweigerung. Das Schuldigwerden am Tier erscheint nicht länger als unumgängliches Schicksal, sondern als veränderbares Verhalten.

Doch scheint derzeit wenig auf einen grundlegenden kulturellen Wandel in Bezug auf den Umgang mit nichtmenschlichen Tieren hinzudeuten. Für die Mehrheit der

Menschen ist der kritische Punkt zur Durchbrechung beispielsweise von Nahrungs- und Lebensgewohnheiten trotz des Wissens um das verursachte Leiden der Tiere noch nicht erreicht. Vielmehr scheint die beschriebene tiefenkulturelle Verankerung der Legitimität der Ausgrenzung und Ausbeutung von Tieren stärker zu wirken als tierschützerische Gewissens-Appelle. Noch sind die Herrschaftssätze nicht genügend delegitimiert. Noch gelten Tiere eher als Sachen denn als fühlende Individuen. Noch dient ihre vermeintliche Vernunft- und Seelenlosigkeit als ethischer Freibrief für ihre Ausbeutung. Noch wird an den Zuschreibungen „Nutz-", „Schlacht-", „Versuchs"tier festgehalten und damit jener tiefenkulturellen Maxime Ausdruck verliehen, die besagt: Tiere sind doch für uns da.

Trotz aller Bilder und zaghafter Gewissensregungen wird ein vermeintlich *unschuldiges Nichtwissen* konstruiert, das der Literaturnobelpreisträger J. M. Coetzee in seinem Roman „Elizabeth Costello" so beschreibt. Die Romanfigur lässt er sagen:

„Ich komme ein letztes Mal auf die Todesstätten um uns herum zurück, die Schlachtstätten, vor denen wir in einer gewaltigen gemeinschaftlichen Anstrengung unsere Herzen verschließen. Soweit ich sehen kann, bleibt unser moralisches Wesen unberührt. Wir fühlen uns nicht beschmutzt. Offenbar können wir alles tun, und doch sauber bleiben […] Eine besondere Form des Nichtwissenwollens."[72]

Der realistische Blick auf die Welt der Tatsachen wird vermieden. Und so könnte auch der Film „Unser täglich Brot" im toten Winkel der Wahrnehmung landen. Die tägliche Massentiertötung für die Essgewohnheit kann dann weiter im Paralleluniversum geschehen. Möglicherweise ist das auch eine Form der *Banalität des Bösen*. Zumindest Max Horkheimer (1895–1973) denkt in diese Richtung, wenn er die strukturelle Gewalt gegen die Tiere einbezieht in seine Analyse gesamtgesellschaftlicher Gewaltvorgänge. Im Jahr 1959 schrieb er: „Zwischen der Ahnungslosigkeit gegenüber den Schandtaten in totalitären Staaten und der Gleichgültigkeit gegenüber der am Tier begangenen Gemeinheit, die auch in den freien (sc. Staaten) existiert, besteht ein Zusammenhang. Beide leben vom sturen Mittun der Massen bei dem, was ohnehin geschieht."[73]

Die Antwort auf diese Banalität des Bösen liegt auf der Hand: Es wäre die Überwindung der Unterscheidung zwischen betrauerbaren und unbetrauerbaren Wesen, das Ausweiten der Sphäre der Anerkennung auf alle fühlbaren Wesen, in der es keine gewaltbegründende Ausgrenzung gibt und in der jedes Individuum das Recht hat, niemals von elementaren Rechten ausgeschlossen zu sein.

Auch hier könnte die Religion einen Beitrag leisten, insbesondere zur Wiedererlangung eines neuen Begriffs von *Heiligkeit*, der allem Leben gilt. Der Begriff der Würde könnte mittels theologischer und spiritueller Zusammenhänge prinzipiell erweitert werden auf alles, was lebt. Papst Franziskus scheint auch hier voranzugehen, wenn er in seiner Umwelt-Enzyklika „Laudato si" (2015) schreibt:

„Das Göttliche und das Menschliche begegnen einander in den kleinsten Details des nahtlosen Gewandes der Schöpfung Gottes, sogar im winzigsten Staubkorn unseres Planeten. (…) Die Askese des Franziskus war ein Verzicht darauf, die Wirklichkeit in einen bloßen Gebrauchsgegenstand und ein Objekt der Herrschaft zu verwandeln. (…) Wir brauchen eine neue universale Solidarität. (…) Wir sind … aufgerufen zu erkennen, dass die anderen Lebewesen vor Gott einen Eigenwert besitzen. (…) Heute sagt die Kirche nicht einfach, dass die anderen Geschöpfe dem Wohl des Menschen völlig untergeordnet sind, als besäßen sie in sich selbst keinen Wert und wir könnten willkürlich über sie verfügen. (…) Wenn … das Herz wirklich offen ist für eine universale Gemeinschaft, dann ist nichts und niemand aus dieser Geschwisterlichkeit ausgeschlossen. (…) Alles ist aufeinander bezogen, und alle Menschen sind als Brüder und Schwestern gemeinsam auf einer wunderbaren Pilgerschaft, miteinander verflochten durch die Liebe, die Gott für jedes seiner Geschöpfe hegt (…)."[74]

Doch auch eine Wiederentdeckung der Philosophie Albert Schweitzers (1875–1965) könnte zu einer Resakralisierung des nichtmenschlichen Lebens beitragen. In seiner „Lehre von der Ehrfurcht vor allem Leben", die ausgeht vom staunenden Wahrnehmen des Verwobenseins in einen großen Lebenszusammenhang, betont er die Scheu vor der Verletzung anderen Lebens, die aus dem verinnerlichten Satz erwächst: „Ich bin Leben, das leben will, inmitten von Leben, das leben will."[75] Die daraus entstehende Haltung der *Ehrfurcht vor allem Leben* ist die Schaffung des gründlichsten und umfassendsten Anerkennungsverhältnisses des Menschen zu seiner Mitwelt: die Anerkennung des Lebenswillens in allem Leben, die in die ethische Verantwortung des Einzelnen für das Leben in seinem Lebensbereich mündet: „Das Leben als solches ist ihm heilig. Er reißt kein Blatt vom Baume ab, bricht keine Blume und hat acht, dass er kein Insekt zertritt." Es gilt: „Gut ist,

Leben erhalten und Leben fördern; böse ist, Leben vernichten und Leben hemmen."[76]

Diese Ethik oder Haltung bedarf keines Dogmas und keiner Metaphysik, sie erwächst aus der „instinktiven Ehrfurcht vor dem Leben", die in uns sei, weil wir selbst „Wille zum Leben" sind.[77] Das bewusste Erleben des eigenen Lebenswillens und das Mitvollziehen des darin gleichsam pulsierenden Willens allen Lebens ist gleichzeitig Quelle für die ethische Haltung des Nichtschädigens anderen Lebens als auch einer Art *unmittelbarer Religiosität*. „Das Wissen aus meinem Willen zum Leben ist aber unmittelbar und geht auf die geheimnisvollen Regungen des Lebens, wie es an sich ist, zurück. (…) In der Ehrfurcht vor dem Leben liegt die Frömmigkeit in ihrer elementarsten und tiefsten Fassung vor (…)."[78] Hinter dem eigenen und dem miterlebten Willen zum Leben steht nach Schweitzers Anschauung ein „unendlicher Wille zum Leben" als Urgrund des Lebens. Das Einswerden mit diesem „unendlichen Willen zum Leben" geschehe in der Hingabe an anderes Leben und sei das Ziel des Lebens. Es geschieht beispielsweise dort, wo man sich verstehend, helfend und fördernd anderem Leben zuwendet, wenn Solidarität geübt wird *gegen* die eigentliche Logik des Naturgesetzes, wenn Liebe geschieht. Hier wirkt dann ein Prinzip, das nicht nur aus der Welt heraus erklärbar ist, sie vielmehr übersteigt und für Schweitzer religiöse Qualität hat, so dass er schreiben kann: „Das Ahnen und das Sehnen aller tiefen Religiosität ist in der Ethik der Ehrfurcht vor dem Leben enthalten."[79]

4. Achsen einer anständigen Gesellschaft – Achtung, Würde und Nichtdemütigung: *Avishai Margalit*

Der israelische Philosoph Avishai Margalit hat mit seinem 1997 auf Deutsch erschienenen Werk „Politik der Würde" einen Entwurf vorgelegt, mit dem sich genauer analysieren lassen kann, wie die anvisierte Kultur der Anerkennung beschaffen sein sollte. Auch für Margalit ist dabei der Begriff der Anerkennung ein Leitbegriff, jedoch nähert er sich ihm von seiner negativen Seite: der Nicht-Anerkennung beziehungsweise der Demütigung. Für Margalit heißt der Oberbegriff, mit dem das noch utopische Ziel gelingenden Zusammenlebens beschrieben wird, nicht Kultur der Anerkennung, sondern *anständige Gesellschaft*. Jedoch hängt beides eng miteinander zusammen. Schließlich bedeutet eine Gesellschaft, in der niemand herabgesetzt und gedemütigt wird, also eine *anständige Gesellschaft*, dass ein Mindestmaß an Anerkennung garantiert ist. Margalit kommt es aber ebenso wie Judith Butler darauf an, jenen Schritt, der gelingender Anerkennung vorausgeht, näher zu verstehen und zu beschreiben.

Bei Butler war dieser Schritt zunächst die Wahrnehmung des Anderen in seinem *Gefährdetsein* und die Bewertung seines Lebens als *betrauerbar*. Für Margalit ist die der Anerkennung vorläufige Dimension zunächst die *Abwesenheit von Demütigung*, also die Abwesenheit von Verhältnissen, in denen die gesellschaftlichen Institutionen Menschen in ihrer Selbstachtung verletzen.[80] Dazu gehört es wesentlich, dass grundlegende Rechte der Menschen in Kraft sind, die die Würde schützen. Näherhin bedeutet dies, dass die Bürgerrechte einem Menschen nicht verweigert werden. Denn letztlich bedeutet Demütigung immer den „Ausschluss aus der Menschheitsfamilie" – ein Ausschluss, der immer dann empfunden und erlitten wird, wenn eine Ausgrenzung des Menschen aus den elementaren Bezügen seines gesellschaftlichen Verfasstseins geschieht.[81] Die Verweigerung von *Rechten* verursacht solch einen Ausschluss, der den inneren Kern des Menschen, seine Selbstachtung beschädigt. Dass einem Menschen das grundsätzliche und unverhandelbare Recht auf Nicht-Demütigung zukomme, ist laut Margalit darin begründet, dass der Mensch sowohl durch *physischen* Schmerz als auch durch *psychischen* Schmerz infolge symbolischer Handlungen verletzt werden kann: „Grausamkeit ist das schlimmste Übel, die Vermeidung von Grausamkeit demnach das höchste moralische Gebot. Demütigung ist die Ausdehnung der Grausamkeit vom physischen auf den psychischen Bereich. Demütigung ist seelische Grausamkeit", definiert Margalit. Demzufolge reiche es nicht, dass die Institutionen einer anständigen Gesellschaft lediglich auf körperliche Gewalt verzichten – sie müssen auch *seelische* Grausamkeit vermeiden.[82]

Das Gebot der Nichtdemütigung beruht auf der Annahme der Universalität der Menschenwürde, die als unverhandelbar gilt: „Die Forderung, jegliche Grausamkeit und somit auch jegliche Demütigung zu unterbinden, bedarf ihrerseits keiner moralischen Rechtfertigung mehr, da Grausamkeit vermeidendes Verhalten moralisches Verhalten schlechthin ist. An dieser Stelle kommt jede Begründung an ihr Ende."[83]

Es zählt allerdings zu den bitteren Erfahrungen der Menschheitsgeschichte und der Menschheitsgegenwart, dass immer wieder die Menschenwürde und das mit ihr einhergehende Verbot der Demütigung ausgehebelt wird und Menschen die grundlegende Anerkennung als Menschen verweigert wird. Insbesondere im Kontext der Kolonialisierungspraxis sei dies zu beobachten gewesen, schreibt Margalit: Indem die Eingeborenen konsequent nicht als Menschen angesehen wurden, schrieb sich ihr Unterdrücktsein fest.[84]

Daneben gibt es aber auch *soziale Stigmatisierungen*, durch die Menschen als nicht normal und dadurch als nicht vollgültig Dazugehörige etikettiert werden. Stigmata können dabei körperliche Abweichungen von der normalen menschlichen Erscheinung darstellen oder aber die *soziale Konstruktion von Ausschlusskriterien* sein – dass die Zugehörigkeit zu einer Minderheit oder einer sexuellen Orientierung die folgenreiche Bewertung als Untermensch begründet. Dies geschieht Margalit zufolge bereits auf der Ebene der *Wahrnehmung* anderer Menschen und nicht erst auf der Ebene der tatsächlichen *Deutung* anderer Menschen. Diese Wahrnehmung oder dieses *Sehen* von Menschen fußt laut Margalit auf kulturell und geschichtlich bedingten Sehgewohnheiten und somit auch auf sozial konstruierten Kategorien. Grundsätzlich sollten wir alle Menschen als Menschen sehen und insofern auch als Menschen behandeln. Es schleicht sich allerdings bereits auf der Ebene der Wahrnehmung die prägende *Macht der Gesellschaft* ein, die das Bild von dem, den wir sehen, entscheidend mitbestimmt. „Was wir sehen, bleibt nicht unberührt von dem, was wir aufgrund von Gewohnheit zu sehen erwarten. Menschen, die in einer rassistischen Gesellschaft aufgewachsen sind, sehen Stigmata, welche die ‚Farbenblinden' nicht sehen."[85] Und das bedeutet, dass das Sehen des Menschen als Untermensch eine *erworbene Sichtweise* darstellt.

Was dagegen in Gang gesetzt werden muss, ist ein *bewusstes Umlernen* dieser Sichtweise. Margalit schlägt hierfür den Begriff des *astigmatischen Sehens* vor, der eine bewusste Einflussnahme auf die sozial geprägte entwürdigende Sichtweise auf Menschen bedeutet – ein Ignorieren der Stigmata und eine Rückgewinnung der Sichtweise, die den Menschen als Menschen erscheinen lässt.[86]

Worauf Margalit hier abzielt, ist die grundlegende Tatsache, dass wir uns die Anerkennung als Menschen nur bedingt selbst geben können. Wir sind abhängig davon, dass uns diese Anerkennung von Anderen gewährt wird. Gleichwohl gibt es keine weitere Begründung für das Recht auf diese Anerkennung als die Tatsache, „dass sich alle Menschen gegenseitig als Teil der Menschheit erkennen und allein deshalb Achtung verdienen"[87].

Entscheidend ist für den sozialpsychologischen Vorgang der Nicht-Anerkennung – also der Demütigung und der Exklusion von Menschen –, dass in einer nicht-anständigen Gesellschaft eine *soziale Scham* induziert wird: Die Institutionen einer Gesellschaft bewirken dann, „dass sich Menschen für ein identitätsstiftendes Zugehörigkeitsmerkmal schämen". Handelt es sich um ein legitimes Identitätsmerkmal, das mit dem Gefühl der Scham belegt wird, sei dies als ein *Akt der Demütigung* zu betrachten, der die Integrität der Betroffenen verletze.[88] Gleiches gilt für die Degradierung und Ausschließung bestimmter legitimer identitätsstiftenden Gruppen aus der Gesellschaft – etwa einer religiösen Gruppe, einer ethnischen Minderheit oder einer sozialen Klasse –, durch die die Mitglieder einer solchen Gruppe entwürdigt und exkludiert werden. „Verletzt man eine identitätsstiftende Gruppe, so verletzt man zugleich jedes einzelne Mitglied in seinem Selbstwertgefühl."[89]

Es kann allerdings auch sein, dass Demütigung auch innerhalb der identitätsstiftenden Gruppen geschieht: dass also in den einzelnen Gruppen Mitglieder herabgesetzt oder unterdrückt werden. „Identitätsstiftende Gruppen stellen ein Bindeglied zwischen Individuum und Gesellschaft dar. Sie sollen das Individuum unterstützen und erhöhen, gleichwohl können sie sich in der Praxis als demütigend und unterdrückend entpuppen."[90] Auch hier muss der Maßstab gelten, der für eine anständige Gesellschaft als Ganzes gelten muss: dass den Mitgliedern keine Demütigungen zugefügt werden. Denn davon, dass innerhalb der identitätsstiftenden Gruppen keine Erniedrigung geschehe, hänge ihre *Legitimität* ab. Als Testfall dafür könnten die Fragen dienen, ob *Widerspruch* und *Abwanderung* geduldet werden. „Identitätsstiftende Gruppen sind schikanös und tyrannisch, wenn in beiden Fällen ein hoher Preis zu entrichten ist. Und dies wiederum ist der Fall, wenn sowohl ‚Meinungsäußerung' als auch ‚Ausstieg' mit Demütigung bestraft werden."[91]

Avishai Margalit hat mit seiner Begriffsgeschichte der anständigen Gesellschaft ein Werkzeug für die Analyse und Beurteilung von Anerkennungsverhältnissen geschaffen. Es zeigt sich, dass Anerkennung und Demütigung, Würde und Erniedrigung auf das Engste miteinander verknüpft sind. Denn: „Nur wenn wir über einen Begriff menschlicher Würde verfügen, können wir auch erfassen, was Entwürdigung heißt."[92] Der Aufruf ist klar: Gegen alle soziale Formen der Verzerrung dieser Menschenwürde gilt es anzugehen, um des Menschseins des Menschen willen. Insbesondere sind dabei neben allen Formen der physischen Beschädigung auch die *seelischen* Verletzungen durch die *institutionelle Entwürdigung* in den Blick zu nehmen.

Die Schaffung einer Kultur der Anerkennung hängt also wesentlich davon ab, ob es den gesellschaftlichen Institutionen *und* den identitätsstiftenden Gruppen innerhalb der Gesellschaft gelingt, Demütigungen zu verhindern und die Würde zu respektieren. Ob man diese Gesellschaft eine anständige oder eine anerkennende nennt, dürfte dann zweitrangig sein.

Margalit eröffnet auch einige Perspektiven auf die Rolle der Religion in einer Gesellschaft, die auf Würde und der Abwesenheit von Demütigung basiert. Er unterwirft dabei die Religion einerseits den Maßstäben, die, ausgehend von der universalen Gültigkeit der Menschenrechte, für alle identitätsstiftenden Gruppen einer anständigen Gesellschaft gelten. Insofern bietet er ein Instrumentarium, mit dem die Legitimität und Förderlichkeit einer Religion anhand ihres Umgangs mit der Anerkennungsthematik überprüft werden kann. Andererseits würdigt er aber auch die Beiträge der identitätsstiftenden Gruppen – und damit auch die der praktizierten Religion –, die sie für eine anständige Gesellschaft zu leisten imstande sind. Etwa indem sie als Bindeglied zwischen Individuum und Gesellschaft den Einzelnen in seinem *Selbstwert* stärken und ihn bei der Integration in die Gesellschaft unterstützen.[93]

Die Religion spielt also mit im Konzert all jener institutionellen Kräfte, die in einer Gesellschaft darüber entscheiden, ob es sich um eine *anständige* oder aber um eine *entwürdigende* Gesellschaft handelt. Und hier ist eine dringende Problemanzeige angesagt. Denn wenn es unmöglich ist, dass die einzelnen identitätsstiftenden Gruppen in einer anständigen Gesellschaft einen Sonderstatus mit Sonderregeln bezüglich der universalen Gültigkeit der Menschen- und Bürgerrechte zugesprochen bekommen, dann müssen auch die Religionsgemeinschaften die Absage an Missachtungs- und Entwürdigungspraktiken auf sich selbst anwenden.

Hier ist ein grundlegender Konflikt angezeigt, der auch die christlichen Kirchen vor innere Zerreißproben stellen kann. Insbesondere ist es der Umgang mit Andersliebenden, der Teile der Kirchen gegenwärtig herausfordert und vor eine schier unauflösliche Spannung zwischen einer bestimmten Bindung an biblische Sätze und der menschenrechtlichen Legitimation von Homosexualität stellt.

4.1 Ernstfall der Anerkennung I: Homosexualität und Kirche

Namentlich ist es die Evangelisch-Lutherische Landeskirche Sachsens, die durch den Konflikt um eine Neuregelung des Pfarrerdienstgesetzes, die gleichgeschlechtliche Partnerschaften im Pfarrhaus erlaubt, an den Rand einer Spaltung gebracht wurde. Die Synode der sächsischen Landeskirche hatte Anfang 2012 der Umsetzung eines Kirchenleitungsbeschlusses zugestimmt, durch welchen das Pfarrerdienstgesetz wie folgt erweitert wird: „*Homosexuellen Pfarrerinnen und Pfarrern in eingetragenen Lebenspartnerschaften ist es künftig gestattet, im Pfarrhaus zusammenzuleben – unter der Bedingung, dass der örtliche Kirchgemeindevorstand dem zustimmt.*" Damit setzte Sachsen als eine der letzten Landeskirchen der Evangelischen Kirche in Deutschland (EKD) eine bundesweite Neuregelung des Pfarrerdienstgesetzes um. Es zeigte sich allerdings in der Folge, dass bei dieser Legitimation von gelebter Homosexualität im Pfarrerstand unüberbrückbare Gegensätze unter den sächsischen Kirchenmitgliedern und -mitarbeitern aufbrachen. Es formierte sich ein druckvoller innerkirchlicher Widerstand gegen jene Gesetzesänderung, die Homosexualität im Pfarrhaus künftig erlaubt. Dieser Widerstand wurde und wird getragen sowohl von einzelnen Kirchenmitgliedern als auch von hauptamtlichen Pfarrern und ganzen Kirchgemeinden. Sie schlossen sich zusammen in der „Sächsischen Bekenntnis-Initiative", die es sich zum erklärten Ziel gesetzt hat, diese Neuregelung des Pfarrerdienstgesetzes nicht zu akzeptieren und ihre Anwendung zu verhindern. Rund ein Drittel der evangelisch-lutherischen Kirchgemeinden und 7000 Einzelpersonen – darunter auch zahlreiche Pfarrer – schlossen sich dieser Initiative an. Zur Begründung heißt es: „Nach unserem Schriftverständnis ist praktizierte Homosexualität mit der Heiligen Schrift nicht vereinbar."[94] Im Jahr 2015 ist es schließlich dazu gekommen, dass einer der Wortführer dieser Widerständler zum Landesbischof der evangelisch-lutherischen Landeskirche Sachsens gewählt wurde: Pfarrer Carsten Rentzing. Er sagte kurz nach seiner Wahl gegenüber der Tageszeitung „Die Welt":

„Die Bibel sagt, dass die homosexuelle Lebensweise nicht dem Willen Gottes entspricht. Diese Aussagen der Bibel machen es mir persönlich schwer, jemandem zu raten, dass er seine Homosexualität leben solle. Dies anzusprechen, müssen wir Christen uns vorbehalten (...). Wenn wir homosexuelle Beziehungen in Pfarrhäusern uneingeschränkt zuließen – und dagegen richten sich die kritischen Stimmen –, würde die Kirche das Signal setzen, dass Homosexualität aus Gottes Sicht in Ordnung wäre. (...) Die Kirche kann nicht Aussagen treffen, die vor dem Wort der Bibel keinen Bestand haben. Deshalb hielte ich es für falsch, durch die uneingeschränkte Zulassung homosexueller Partnerschaften im Pfarrhaus das Signal zu setzen, dass Gott der Herr die homosexuelle Lebensweise für die Bestimmung dieser Menschen hält."[95]

Eine Problematik des Konflikts besteht in der Begründung des Ausschlusses homosexuell lebender Pfarrerinnen und Pfarrer mit einer sakrosankten, unverhandelbaren Glaubensposition, die nicht diskursfähig ist. So formuliert die „Sächsische Bekenntnis-Initiative": „Wir setzen uns ein für die Ehe von Mann und Frau als Schöpfungsordnung Gottes. (…) Wir setzen uns ein gegen die Anpassung der Botschaft und der Ordnung der Kirche an weltanschauliche oder politische Überzeugungen."[96]
Demzufolge ist nicht nur der verabredete landeskirchliche Gesprächsprozess über die Zulassung homosexueller Partnerschaften in Pfarrhäusern nach drei Jahren ergebnislos im Sand verlaufen, vielmehr hat sich die Landeskirche über diese Frage bis an den Rand der Spaltung zerstritten. Der beständige und laute Protest der Gegner hat ein Klima der Verbitterung und auch der Einschüchterung geschaffen. Meiner Kenntnis nach hat es bislang kein homosexueller Pfarrer und keine homosexuelle Pfarrerin gewagt, bei der Landeskirche und bei einer Ortsgemeinde einen Antrag auf Zusammenleben mit dem Partner/der Partnerin zu stellen. Vielmehr gibt es regelrechte Emigrationen: Zwei homosexuelle Pfarrer, die in einer eingetragenen Partnerschaft leben und zusammen wohnen wollen, verließen die Landeskirche und wechselten in die Nordkirche, wo ein Zusammenleben im Pfarrhaus problemlos möglich zu sein scheint.[97] Darüber hinaus wurde die prinzipielle Ablehnung gelebter Homosexualität durch

Teile der sächsischen Landeskirche noch offensiver ausgedrückt: Im September 2015 wurde ein auf Honorarbasis arbeitender Kirchenmusiker wegen seiner Homosexualität von der Kirchgemeinde Chemnitz-Klaffenbach nicht weiter beschäftigt. Ende 2015 erhält der Jugendwart des Kirchenbezirks Aue ein Predigtverbot in mehreren Kirchen – ausgesprochen von den Kirchenvorständen –, nachdem er seine homosexuelle Lebenspartnerschaft öffentlich gemacht hatte.[98]

Ist dies nun eine Situation, die mit dem Instrumentarium Avishai Margalits als eine Situation der Demütigung innerhalb einer identitätsstiftenden Gruppe der Gesellschaft zu werten ist? In gewisser Weise muss dies bejaht werden. Denn es wird das Merkmal „sexuelle Orientierung", das unter dem Blickwinkel der universalen Gültigkeit der Menschenrechte kein Gegenstand von Diskriminierung sein darf, zu eben diesem gemacht: Praktizierte Homosexualität wird von Teilen der Kirche als Ausschlusskriterium zumindest für den Pfarrberuf und teilweise für andere kirchliche Berufe gewertet. Mit der Analyse Margalits müsste dies als eine Unterminierung oder Aushöhlung der anständigen Gesellschaft gewertet und kritisiert werden. Denn genau das, was eine unanständige Gesellschaft ausmacht, geschieht: Es wird – kraft der höheren Weihen eines bestimmten Bibelverständnisses – eine soziale Stigmatisierung Andersliebender vorgenommen, die einen gewissen Ausschluss begründet und letztlich eine soziale Scham bei den Betroffenen induziert. Ein bestimmtes Merkmal – die sexuelle Orientierung – wird zur Begründung einer Ungleichbehandlung und Exklusion angeführt. Hier wirkt eine gesellschaftliche Gruppe an Mustern der sozialen Wahrnehmung und Stigmatisierung mit, die zur Grundlage einer gesellschaftlichen Diskriminierung und letztendlich auch eines Vorbereitens des *Hassens* werden könnten. Darauf macht die Friedenspreisträgerin des Deutschen Buchhandels Carolin Emcke in ihrem Buch „Gegen den Hass" aufmerksam, wenn sie schreibt: „Der Hass braucht vorgeprägte Muster, in die er sich ausschüttet. Die Begriffe, in denen gedemütigt, die Assoziationsketten und Bilder, in denen gedacht und sortiert, die Raster der Wahrnehmung, in denen kategorisiert und abgeurteilt wird, müssen vorgeformt sein. Der Hass bricht nicht plötzlich auf, sondern er wird gezüchtet."[99] Insofern müsste jede Bestrebung hin zu einer Kultur der Anerkennung jene unsichtbaren Ebenen in den Blick nehmen, in denen das Sehen, Urteilen und Ausgrenzen vorbereitet wird. Die ideologische Bewertung der Homosexualität als „Makel" gehört dazu.

Freilich würden diejenigen Christinnen und Christen, die so vehement gegen die Zulassung homosexueller Partnerschaften im Pfarrhaus kämpfen oder für das Predigtverbot eines homosexuell lebenden Jugendwarts eintreten, nie einsehen, dass sie an Kategorien des Hassens mitwirken. Dennoch muss – bei aller Sensibilität gegenüber den religiösen Besonderheiten und Werten einer identitätsstiftenden Gruppe – dieser Zusammenhang offengelegt, benannt und kritisiert werden. Denn de facto bewirkt die Diskriminierung Andersliebender in der Kirche eine unzulässige Stigmatisierung und Beschämung – auch wenn sie sich in verschleiernder Weise auf die höheren Weihen als sakrosankt verstandener Bibelstellen beruft. Weder fahrlässige Naivität noch Zynismus dürfen Emcke zufolge vor dem klaren Widerspruch der offenen Gesellschaft schützen. Denn sonst können elementare Maßstäbe der freien Gesellschaft ins Rutschen geraten. Und deshalb ist es auch zulässig, dass der Widerspruch gegen Diskriminierungen innerhalb einer identitätsstiftenden Gruppe von allen Vertretern der Gesamtgesellschaft vorgenommen werden. Denn „für die Formen der Ausgrenzung und Eingrenzung, für die kleinen und gemeinen Techniken der Exklusion in Gesten und Gewohnheiten, Praktiken und Überzeugungen, dafür sind alle in der Gesellschaft zuständig. (...) Die Aufgabe, eine offene, plurale Gesellschaft zu verteidigen, in der religiöse und politische und sexuelle Vielfalt gedeihen kann, kommt allen zu", so Emcke.[100]

Sie macht darüber hinaus auf einen weiteren unsichtbaren Mechanismus aufmerksam, der bei einer – wie wohlfeil auch immer verpackten – Abwertung der Homosexualität zum Tragen kommt: dass nämlich ein Mensch nicht zuerst als Mensch gesehen wird, sondern als Träger eines Merkmals, das als defizitär angesehen wird. Somit wird er nicht mehr als individuelle Person wahrgenommen, sondern er verschwindet hinter einem Kollektiv: der Merkmalsträgergruppe. Und genau das ist eine illegitime Reduzierung des Menschen. Wer sich nicht mehr vorstellen kann, wie ähnlich diese „Merkmalsträger" in ihrer Suche nach Glück und Würde allen anderen Menschen sind, der erkennt auch nicht ihre Verletzbarkeit als menschliche Wesen, sondern sieht nur das, was schon als Bild vorgefertigt ist, schreibt Emcke.[101] Und so dürfe es einfach nicht hingenommen werden, wenn aus der *Verschiedenheit* von Menschen eine soziale oder rechtliche *Ungleichheit* abgeleitet wird.

Besonders problematisch erscheint in diesem Zusammenhang die Begründung der De-facto-Abwertung homosexuell liebender Menschen durch den Verweis auf bestimmte biblische Sätze, die praktizierte Homosexualität als Abfall von einer „Ordnung Gottes" und als einen Verstoß gegen Gottes Gebote qualifizieren (insbesondere Levitikus 18,22; Römer 1,26f.). Denn diese Imprägnierung der eigenen Anschauung durch die Aura einer unantastbaren heiligen Bestimmung unterminiert letztlich die Grundlage der offenen Gesellschaft, die darin besteht, dass Menschen als Menschen geachtet werden, weil sie Menschen sind – und nicht weil sie bestimmte ideologische Vorgaben erfüllen. Theologisch muss deshalb ein Gottesbild kritisiert werden, das letztendlich einer Begründung von Diskriminierung, Entwertung und Beschämung von Menschen Vorschub leistet. Dazu müsste ein Bibelverständnis kultiviert werden, das dazu befähigt, einzelne Bibelstellen in ihrem historischen und kanonischen Kontext zu verstehen und zu relativieren und das Herz der Bibel zu entdecken: das Liebesgebot, das laut Jesus das höchste Gebot der Bibel ist (Markus 12,31).

Insgesamt bedarf es beim Umgang mit Bibeltexten eines reflektierten Verstehens der Bibel, das die Kommunikationsfunktion der Texte ernst nimmt. Die Texte sind zu begreifen als lebendige Sprachereignisse, die sowohl von ihren historischen Entstehungsorten als auch von ihren seitherigen Kommunikationszusammenhängen, Wirkungsgeschichten und Lebensweltbezügen her verstanden werden müssen. Dabei gilt es der Tatsache Rechnung zu tragen, dass der biblische Kanon Alten und Neuen Testaments de facto eine ungemein *vielstimmige* Textgrundlage darstellt, der man am ehesten gerecht wird, wenn man sie als ein lebendiges Gespräch begreift. Gleichzeitig ist der

Umstand zu berücksichtigen, dass die biblischen Texte nie in einen luftleeren Raum hineingesprochen wurden und auch heute nicht in einem luftleeren Raum stehen. Sie sind hineingesprochen in eine bestimmte Lebenswelt, um diese zu deuten, zu verstehen, zu ordnen oder zu transzendieren.

Dringend notwendig ist deshalb eine Hermeneutik der biblischen Texte, die sich Rechenschaft abgibt über das Vorverständnis und die Verstehensbedingungen der Texte in ihrer Zeit und der Gegenwart. In dem Sinne kann es keine sakrosankten Bibeltexte geben, deren Versteh- und Anwendbarkeit sich reflexionslos aus sich selbst heraus ableiten. Insbesondere gilt das natürlich für jene Bibelstellen, die gemessen an heutigen Maßstäben der Menschenrechte problematische Inhalte haben, wie zum Beispiel Texte, die Gewalt gegen Menschen legitimieren oder aber sexuelle Orientierungen verdammen und sanktionieren. Hier gilt, was die Bibelwissenschaftlerinnen Ilse Müllner und Luise Schottroff einmal über die Auslegung von biblischen Gewalttexten gesagt haben:

„Die interpretierende Gemeinschaft ist es, die die Entscheidung für Gewaltfreiheit zu treffen hat und sich zur Vielstimmigkeit (sc. des ganzen biblischen Kanons, der auch Gegenstimmen beinhaltet) verhält. Es sind die aktuellen Leserinnen und Leser, die sich mit einer gewaltkritischen Option in ein Gespräch mit den Texten begeben. Diese gewaltkritische Option ist dem aktuellen Interpretationsakt vorgängig und in Auseinandersetzung mit der Lebenswelt und auch mit kulturellen Produkten (also auch mit biblischen Texten und ihren Rezeptionen) gewachsen."[102]

Der besondere Wert vieler biblischer Texte – und das ist letztlich auch ein Aspekt ihrer „Heiligkeit" – liegt darin, dass sie über die konkrete Textentstehungssituation hinaus grundsätzlich Bedeutsames für die Deutung der menschlichen Existenz vermitteln. Viele Symbole, Mythen, Bilder und Motive tragen in sich eine Art urbildlichen Charakter, der gewissermaßen einen unmittelbaren Sinn für das menschliche Leben erschließen kann. Die tiefenpsychologische Bibelforschung hat erkannt, dass derjenige der Wahrheit der Bibel am ehesten gerecht wird, der den gewissermaßen zeitlosen Kern der Texte – das Mythische – als verdichtetes Sinnsurrogat auch für das heutige Leben resonant werden lässt. Eine Entleerung der biblischen Texte bedeutet es hingegen, wenn man sie auf einen historischen Wahrheitsgehalt reduziert. Denn dabei wird man feststellen müssen, dass die Historizität noch keinen Wahrheits- oder Relevanzanspruch für heute lebende Menschen begründet. Isoliert man beispielsweise israelitische Gesetzestexte aus ihrem Kontext und qualifiziert sie als heute verbindliche Gesetze, wird der Charakter der Bibel als historisch gewachsener Textkorpus, der in einem Resonanzverhältnis zu seiner jeweiligen Rezeptionszeit und -welt steht, verfehlt. Denn ein für alle Mal wahr sind nicht die in der Bibel formulierten äußeren Wahrheiten – wie beispielsweise Gesetzestexte in einem vordemokratischen Gesellschaftskontext oder bestimmte Annahmen über die naturwissenschaftliche Verfasstheit der Welt –, sondern ihre *inneren* Wahrheiten. Diese sind Bilder zur Bewältigung der Existenz, Bilder, die einen Umgang mit Schuld und Tod vermitteln und das Angewiesensein auf Liebe erschließen. Deshalb läuft letztendlich sowohl eine historisch-kritische Bibelauslegung ins Leere als auch eine fundamentalistisch-buchstabengläubige. Denn beide veräußerlichen den Sinn der Bibeltexte, indem sie äußerlich fixierbare „Substanzen" extrahieren, die in interpretatorischer Rigorosität einen normativen Geltungsanspruch erheben und von außen an den Menschen herangetragen werden. Die Innenseite vieler Texte, ihr verdichteter, urbildlicher Symbolgehalt, wird dabei ebenso verloren wie der Sinn für die Möglichkeit, dass sich ein Text auf unterschiedliche Art im Leben eines Menschen niederschlagen und widerspiegeln kann. Letztlich wird durch die Verkürzung des biblischen Textsinnes auf zeitlose Gottesdiktate oder aber rein historische Menschenideen die Heiligkeit der Texte preisgegeben, die gerade in ihrer Poesie und ihrer Resonanzqualität liegt: dass diese Texte im Einzelnen ein tieferes Verständnis seiner Existenz und ein Vertrauen in einen umfassenden Sinnzusammenhang zu wecken vermögen.

Im Grunde geht es um eine Hermeneutik der Resonanz im Gegensatz zu einer Hermeneutik der Arroganz und Ignoranz – also ein Verstehen der biblischen Texte aus dem Ernstnehmen ihrer Kommunikations- und Resonanzqualität, die sie nicht verkürzt auf eine Funktion zur Vermittlung normativer Glaubensvorgaben. Eine Hermeneutik der Resonanz lässt die Bibeltexte wirken als verdichtete Sinnfelder, in die sich Menschen jeder Zeit und Lebenswelt hineinverweben können. Doch das ist ein innerliches Geschehen, das wesentlich auf die Poesie und innere Wirkmächtigkeit der Texte setzt. In gewisser Weise gilt das, was der Theologe Eugen Drewermann über die historisch-kritische Bibelauslegung schreibt, auch für das fundamentalistisch-buchstabengläubige Bibelverständnis:

„In ihrer Abgetrenntheit vom Gefühl, in ihrer Isolation vom Subjekt, in ihrer Unfähigkeit, die innere, psychische Realität für unendlich wirklicher zu nehmen als die Ebene der äußeren ‚Tatsachen', ist diese Form von ‚Exegese' prinzipiell gottlos, sooft sie auch den Namen ‚Gott' in ihrem Munde führen mag. In ihrer Konzentration auf das ‚Wort' ist sie außerstande, die Welt der Bilder und Träume, der alle wahrhaft religiösen Worte ihren Ursprung verdanken, in adäquate Sprach- und Handlungsgebärden im eigentlichen Sinne zur ‚Sprache' zu bringen (…). Fragt man indessen nach dem Geheimnis dieser existenziell so überaus beruhigten Sprechweise von ‚Gott' und ‚Göttlichem' im Gewande einer derartigen Scheintheologie, so wird man alsbald finden, dass es die Angst ist, die sie in ihr selbstgewähltes Getto führte. (…)"[103]

Insbesondere die Kirche und die Theologie haben die Analyse Carolin Emckes wahr- und ernst zu nehmen, dass gerade bei der Homophobie ein gefährlicher „Fanatismus der Reinheit" wirksam sei, der sich sowohl in nationalistischen wie auch in pseudo-religiösen Vorstellungen niederschlage. Zu kritisieren sei dieser „Fanatismus der Reinheit" als eine „illiberale Mechanik von willkürlich-absichtsvoller Inklusion und Exklusion". Widerstand sei vonnöten gegen all die „Blick-Regime, die Individuen nur noch als Stellvertreter von Kollektiven gelten lassen". Die sich daraus ableitende Aufgabe ist für Emcke klar: „Nur wenn die Raster des Hasses ersetzt werden, nur wenn ‚Ähnlichkeiten entdeckt (werden), wo vorher nur Differenzen gesehen (wurden)', kann Empathie entstehen. (…) Die Differenzierung, die dem fanatischen Dogma des Schlichten und Reinen entgegengesetzt werden muss, beginnt genau dort: den verschwörungstheoretischen Phantasien, den kollektiven Zuschreibungen, den groben Verallgemeinerungen der ideologischen Ressentiments wieder ein präzises Beobachten gegenüberzustellen." Denn letztlich werde durch die gelebte und respektierte Vielfalt der anderen nicht nur deren Individualität geschützt, sondern auch die eigene. Nur eine dergestalt plurale und demokratische Gesellschaft könne im Einzelnen das Vertrauen erzeugen, selbst nicht willkürlich ausgegrenzt oder angegriffen zu werden.[104]

Bezüglich des Umgangs mit Homosexualität befinden sich die christlichen Kirchen noch in einem Lernprozess. Doch dieser bietet die Chance, erwachsen zu werden und zu einer *reifen* und befreienden Religiosität zu finden – und gleichzeitig die Religion zu einer förderlichen Kraft für eine Kultur der Anerkennung werden zu lassen. Für die Gestaltung dieses Lernprozesses sollte auf die Stimmen der homosexuell liebenden Christinnen und Christen gehört werden, wie die des katholischen Theologen Peter Bürger. Er beschreibt eindrücklich nicht nur die Schamgeschichte im Umgang mit der eigenen Homosexualität im Angesicht der Kirche, die er eine „eingepflanzte Selbstverachtung" nennt, sondern auch die kollektive Schuldgeschichte der Kirchen in ihrem Umgang mit Homosexuellen. Er zeichnet nach, wie bis in die jüngste Vergangenheit hinein kirchliche Verlautbarungen gelebte Homosexualität – mehr oder weniger verdeckt – als Schande brandmarken und sogar verantwortlich machen für Krisen und Katastrophen der Zeit. Auch scheint die Mitschuld – in Form von Schweigen oder Zustimmung – bei der nationalsozialistischen Verfolgung Homosexueller wenn schon nicht ausreichend aufgearbeitet, so aber auch nicht als Erschütterung eigener Vorurteile gegen Homosexuelle ausreichend gegenwärtig zu sein. Der Impuls, der von andersliebenden Christen ausgeht, scheint für die ganze Kirche entscheidend, wenn sie an ihrer Reife und ihrer Anerkennungsfähigkeit interessiert ist. Er besteht in der Hinterfragung eines letztlich sadistischen Gottesbildes und Bibelverständnisses, das im buchstabengläubigen Klammern an einzelne – offensichtlich zeitgebundene und im Kontext der ganzen Bibel zu lesende – Bibelstellen besteht und eine fundamentalistische Gesetzesreligion begründet, die nicht nur weit hinter der Menschenrechtskonvention zurückbleibt, sondern auch die eigenen Maßstäbe der christlichen Religion ignoriert. Diese bestehen in der normativen Bindung an das *Liebesgebot* als Mitte und Vorrang auch in Bezug auf den Umgang mit anderen Teilen der Schrift, letztlich im Vorrang der Frohbotschaft vor der Drohbotschaft. In Bezug auf die höchst prekäre weltweite Lage der homosexuellen Minderheit appelliert Peter Bürger an die Kirchen: „Es geht, wenn sie [sc. die Kirchen] genau hinsehen, um Leben und Tod von Menschen! Wer hätte die Vollmacht, ihnen zu verzeihen, dass sie sich *nicht* mit allen möglichen Mitteln schützend vor eine menschliche Minderheit – vor ihre verfolgten lesbischen Schwestern und schwulen Brüder in aller Welt – stellen? (Matthäus 25,42–45)."[105] Letztlich geht es in diesem Lernprozess darum, die Enge ausschließenden Denkens und Glaubens zu überwinden und die ungemeine Vielfalt der Schöpfung als Fülle und nicht als *Abnorm* zu begreifen – und um die Erkenntnis, dass es im menschlichen Zusammenleben unabdingbar ist, mit Verschiedenheiten integrierend umzugehen. Hilfreich könnte hierbei der Bezug auf ein Bibelwort aus dem neutestamentlichen Brief des Paulus an die Galater sein: „Denn ihr seid alle durch den

Glauben Gottes Kinder in Christus Jesus. (...) Hier ist nicht Jude noch Grieche, hier ist nicht Sklave noch Freier, hier ist nicht Mann noch Frau; denn ihr seid allesamt einer in Christus Jesus (Kapitel 3, Verse 26 u. 28)." Peter Bürger legt diese Verse so aus: „Minderheiten heißen jetzt nicht mehr Randgruppen. Statt mitleidiger Zuwendung gibt es das *gleichberechtigte* Miteinander zwischen Geschwistern, die in vielerlei Hinsicht verschieden sein mögen. (...) Die die Liebe suchen und die Liebenden, sie sind die Kirche."[106]

Befreit man den kirchlichen Auftrag in dieser Weise von seiner sexualethischen Engführung, könnte der Blick frei werden für die positive Gestaltung und Verteidigung einer Kultur der Anerkennung – eines letztlich jesuanischen Auftrags. Denn ganz zweifellos bringen die Kirchen weit mehr noch als diskriminierende Vorurteile auch moralische Ressourcen zur *Förderung* eines gelingenden Zusammenlebens in die Gesellschaft ein. Insbesondere die jüdisch-christliche Tradition mit ihrer Vorstellung eines Gottes, der vorrangig für die Rechte der Armen und Ausgestoßenen eintritt, könnte geeignet dafür sein, den Finger in die Wunden unsozialer Zustände in der Gesellschaft zu legen und dort Einspruch zu erheben, wo Menschen ausgeschlossen und entwürdigt werden. Der Theologe und Pädagoge Axel Bohmeyer schreibt über diese gesellschaftskritische Funktion einer Kirche, die sich am Leitbild der „Option für die Missachteten" orientiert: „Die Kirche müsste in diesem Sinne zum Sprachrohr derer werden, die als überflüssig tituliert werden oder sich solchermaßen empfinden. Sie müssen mit ihren Missachtungs- bzw. Exklusionserfahrungen zu Wort kommen." Die Kirche müsse die missachteten Subjekte bei der Selbstermächtigung unterstützen.[107]

5. Das Prinzip der Gleichberechtigung und eine Politik der Anerkennung: *Charles Taylor*

Auch der kanadische Sozialphilosoph Charles Taylor knüpft in seiner Studie „Multikulturalismus und die Politik der Anerkennung" (1993) an die zentrale Beobachtung an, dass die Anerkennung für die Aufrechterhaltung der Identität auch im gesellschaftlichen Rahmen von Bedeutung ist.

„Die These lautet, unsere Identität werde teilweise von der Anerkennung oder Nicht-Anerkennung, oft auch von der *Verkennung* durch die anderen geprägt, so dass ein Mensch oder eine Gruppe von Menschen wirklichen Schaden nehmen, eine wirkliche Deformation erleiden kann, wenn die Umgebung oder die Gesellschaft ein einschränkendes, herabwürdigendes oder verächtliches Bild ihrer selbst zurückspiegelt. Nichtanerkennung oder Verkennung kann Leiden verursachen, kann eine Form von Unterdrückung sein, kann den anderen in ein falsches, deformiertes Dasein einschließen."[108]

Auch Taylor geht davon aus, dass das Verlangen nach Anerkennung ein menschliches Grundbedürfnis ist und die gesellschaftliche Nicht-Anerkennung fatale Folgen für das Selbstwertgefühl der Betroffenen haben kann: Sie könne ihren Opfern einen lähmenden Selbsthass aufbürden.[109]

Geschichtlich habe sich die Funktion der gesellschaftlichen Anerkennung aus dem vormodernen Ehrbegriff entwickelt, der damals noch an eine bestimmte Stellung innerhalb der Hierarchie geknüpft war. Heute, in der individualisierten, modernen Gesellschaft wird von der unveräußerlichen Würde jedes Menschen ausgegangen. „Die

Demokratie mündete in eine Politik der gleichberechtigten Anerkennung, die im Laufe der Jahre unterschiedliche Formen annahm und heute in Gestalt der Forderung nach einem gleichberechtigten Status für bestimmte Kulturen und beide Geschlechter wiederkehrt."[110]

Identität und Anerkennung gehören deshalb so eng zusammen, weil die Identität nur als ein soziales Beziehungskonstrukt denkbar sei, das gebildet wurde durch die Interaktion mit den „signifikanten Anderen" (G. H. Mead). Die menschliche Existenz habe dialogischen Charakter.[111] Daraus folgt, dass unter den individualisierten Bedingungen der Moderne, in denen von der unverwechselbaren persönlichen Identität ausgegangen wird, die Anerkennung erst im Austausch gewonnen werden kann. Im Umkehrschluss bedeutet dies, dass eine Verweigerung von Anerkennung, also eine Diskriminierung, zerstörerisch und unterdrückend wirkt – weil es den innersten Kern des Menschen angreift. Deshalb komme heute einer „Politik der gleichheitlichen Anerkennung" eine besondere Bedeutung zu. In dieser Politik gehe es einerseits um die Umsetzung des Prinzips der Gleichberechtigung aller Bürger und andererseits um eine Politik der Differenz, die die jeweilige Besonderheit eines Individuums oder einer Gruppe anerkennt.[112]

Daraus kommt es zu folgender spannungsreichen Konstellation: „Einerseits fordert das Prinzip der Gleichachtung ein ‚differenz-blindes' Verhalten. (...) Andererseits sollen wir das Besondere anerkennen und sogar fördern."[113] Dies impliziert einen grundlegenden Konflikt, in dem sich multikulturelle Gesellschaften befinden: Wie ist es möglich, einerseits der eigenen Kultur und ihren Wertvorstellungen verhaftet zu sein und andererseits teilweise völlig anders geartete Kulturen in gleichem Maße anzuerkennen, das heißt auch wertzuschätzen?

Die moralische Forderung nach Anerkennung jeder anderen Kultur innerhalb einer multikulturellen Gesellschaft bietet keine Lösung. Ein solches positives Urteil auf Verlangen sei „ein Akt von atemberaubender Herablassung". Niemand könne darin eine Bekundung von Respekt erkennen. Es sei erniedrigend, Objekt einer derartigen Respektbezeugung zu sein. Es müsse daher akzeptiert werden, dass unsere Maßstäbe zur Beurteilung Anderer allein der eigenen Zivilisation entspringen. „Deshalb werden unsere Urteile die anderen Kulturen implizit und unbewusst in unsere Kategorien zwängen." Gerade dadurch könne die Politik der Differenz darin münden, dass sie alle gleich macht.[114]

Taylor deutet einen Ausweg an. Zunächst muss als eine Art Minimalkonsens davon ausgegangen werden, dass anderen Kulturen aufgrund ihrer langen Tradition als Wert- und Sinnlieferanten ein Mindestmaß an Respekt entgegengebracht wird. Alle anderen Urteile sollten sich erst ergeben, wenn man sich tatsächlich einmal ganz auf diese Kultur eingelassen habe und eine „Horizontverschmelzung" stattgefunden habe. Insgesamt müsse man sich der Relativität der eigenen Kultur bewusst bleiben, um das geforderte Mindestmaß an Anerkennung, dass es zum Zusammenleben braucht, aufzubringen. Es wird das Eingeständnis verlangt, „dass wir von jenem letzten Horizont sehr weit entfernt sind, vor dem sich der relative Wert unterschiedlicher Kulturen deutlich erweisen würde"[115].

Um die Anerkennung zu gewährleisten, die in einer multikulturellen wie in jeder anderen Gesellschaft nötig ist, sei ein Bewusstsein der eigenen Relativität und

Begrenztheit vonnöten. Jede Absolutsetzung der eigenen Wertvorstellungen hat demgegenüber die problematische Abseite, dass sie die Nicht-Anerkennung Anderer zur Folge haben und in Repression oder Deformation münden kann.

Fragt man in diesem Konzept nach der möglichen Rolle der Religion, deuten sich zwei Überlegungen an. Die eine schließt an den zuletzt geäußerten Gedanken der *Relativierungsfähigkeit* an. Religionen haben es wesentlich und immer wieder mit dem Problem zu tun, wie sie sich zu anderen Religionen und Wahrheitsansprüchen zu verhalten haben. Jeder Religion wohnt ein gewisses Maß an Absolutheitsanspruch inne, so dass diese Frage grundsätzlich spannungsgeladen ist. In der biblischen Tradition findet sich für diese Frage der Gedanke des *eschatologischen Vorbehalts*, also die Vorstellung, dass die Vollendung oder Erlösung des Lebens durch Gott noch ausstehe und „am Ende der Zeiten" geschehen werde. „Es ist noch nicht erschienen, was wir sein werden", heißt es im neutestamentlichen 1. Johannesbrief, Kapitel 3. Insofern können auch letztgültige Urteile über die Glaubenswege der Anderen getrost Gott überlassen werden. Das drückt sich auch in dem ethischen Gebot Jesu in der Bergpredigt aus: „Richtet nicht, damit ihr nicht gerichtet werdet" (Matthäus, Kapitel 7). Diese Einsicht kann ein Zusammenleben in Unterschiedlichkeit, eine *Konvivenz in Differenz* (Theo Sundermeier) ermöglichen.

Der andere Gedanke geht in Richtung einer Modellfunktion, die die Religion in multikulturellen Gesellschaften einnehmen könnte. Gelingt es ihr, kraft ihres Ethos positive Zeichen für die Möglichkeit eines Zusammenlebens trotz Verschiedenheit zu setzen, könnte das positiv auf die Anerkennungsfähigkeit der ganzen Gesellschaft ausstrahlen. Grundsätzlich bietet sich dafür der religiöse Grundgedanke einer Unterscheidung zwischen Gott und Mensch an. Das impliziert die Vorstellung, dass es der Souveränität Gottes obliege, welche Wahrheiten schlussendlich als richtig gelten können. Die Religionen könnten unter Zurückstellung der Frage nach dem religiösen Wahrheitsanspruch gemeinsam ihre ethischen Ressourcen verbinden und einbringen in die Gesellschaft, wie es das „Projekt Weltethos" von Hans Küng vorschlägt und vorlebt.[116]

5.1 Ernstfall der Anerkennung II: Umgang mit dem Islam

In diesem Zusammenhang kann nicht über die Frage des Umgangs mit der präsenter werdenden Religion des Islam geschwiegen werden. Wirkmächtig ist der Islam von bestimmten gesellschaftlichen Kräften in den vergangenen Jahren zum zentralen Feindbild der freien Gesellschaft aufgebaut worden. Es hat sich gezeigt, dass mit der Gleichsetzung von Burka und Bomben mit *dem* Islam nicht nur Stimmung gemacht werden kann, sondern auch Wählerstimmen in beträchtlichem Ausmaß gewonnen werden. Im Blick auf die Religion des Islam bündeln sich einerseits die Ängste vor den unübersichtlichen Folgen der Globalisierung wie auch tiefsitzende Ressentiments gegen das Fremde an sich. Dabei sollte bemerkt werden, dass der Islam in christlich-fundamentalistischen Kreisen schon lange als Feindbild fungiert und von dieser Seite systematisch dämonisiert und vereinfacht wird. Das „Islam-Bashing" ist sogar schon einmal als gezielte und verbreitete Strategie evangelikaler Medien benannt worden.[117] An dieser Stelle kann der Unterschied zwischen einer unreifen und einer reifen Religion sichtbar gemacht werden. Wenn in bestimmten christlichen Kreisen der Islam grob verzerrt als reine Gewaltreligion dargestellt und die scharfe Abschottung als einziger Weg des Umgangs gefordert wird, muss eine ideologisierte und unreife Form der Religion diagnostiziert werden, die überdies einer politischen Instrumentalisierung der Religionsfrage Vorschub leistet. Eine reife Religion ist sich dagegen der Tatsache bewusst, dass Religionsfreiheit nicht nur auf die Freiheit der eigenen Religion bezogen ist und dass andere Religionen nicht prinzipiell eine Bedrohung des Eigenen darstellen. Vielmehr vermag eine reife Religion die anderen Religionen differenziert wahrzunehmen, zu achten und Beziehungsfäden zu ihnen zu knüpfen. An der Frage nach dem Umgang mit dem Islam könnte sich heute entscheiden, ob beispielsweise die Kirchen förderliche Kräfte für eine Kultur der Anerkennung sind oder ob sie zu ideologisierten Echokammern fundamentalistischer Kräfte werden.

Diesbezüglich lehrt das Buch „Die Angst vor den anderen" des großen Soziologen Zygmunt Bauman (1925–2017) klarer sehen, indem er „die Woge der Islamfeindlichkeit" zurückweist.[118] Bauman bemerkt, dass die von den europäischen Rechtspopulisten in scharfen Tönen artikulierten Verleumdungen und Verunglimpfungen des Islam zu einer folgenschweren „Entmenschlichung der Neuankömmlinge" führe. Diese Entmenschlichung bereite den Weg für ihren Ausschluss aus der Kategorie der legitimen Träger von Menschenrechten vor und führe letztlich zu einer Verschiebung des Migrationsproblems aus dem Bereich der Ethik in eine Art von Kriegszustand.[119] Als Gegenprogramm schlägt Bauman eine „Horizontverschmelzung" vor: Auf dem Weg des Verstehens und des Gesprächs und der Begegnung verschiedener Lebenswelten könnten sich neue Formen der Koexistenz eröffnen – zum Nutzen aller. Über Hindernisse der Begegnung und Beziehung muss gemeinsam verhandelt werden. Weil – und das ist die Annahme im Hintergrund – eine kooperative Koexistenz besser ist als Krieg.[120]

Wenn der Prüfstein für eine reife und anerkennungsfördernde Religion in diesen Tagen auch der Umgang mit dem Islam ist, sollten die Kirchen zu Kräften einer differenzierten Sicht des Islam und einer offenen Begegnung mit ihm werden. Eine Grundlage dafür bietet die gemeinsame Wurzel als abrahamitische Religionen. Der Islam ist eine „auf den Abrahambund gegründete Religion" und muss als „Teil des ‚abrahamitischen Dreiecks' (Stroumsa) ernst genommen werden", so die Islamwissenschaftlerin Angelika Neuwirth. In ihren Augen steht die notwendige Aufnahme des Islam und des Propheten Muhammad in die abrahamitischen Geschwister-Religionen allerdings leider noch aus.[121] Nützlich für diese neue Sicht auf den Islam und seine echte Integration in das Religionsdreieck der abrahamitischen Religionen könnte die Wahrnehmung der großen Übereinstimmung in weiten Teilen der Überlieferungen und Werte sein. Dabei müsste die enorme Bedeutung des Gedankens der Barmherzigkeit im Koran wahrgenommen werden, die insbesondere die moderne Koranforschung aufgewiesen hat. Der Koran und die Suren beginnen programmatisch mit dem Satz „Im Namen Gottes, des barmherzigen Erbarmers" und zeigen damit, dass der „gesamte Korantext mit der Denkkategorie der Barmherzigkeit" zu lesen ist.[122] Es sei sogar innerhalb der Koranüberlieferung eine Entwicklung von einer Gerechtigkeitsreligion zu einer Religion der

Barmherzigkeit nachzuzeichnen, so Angelika Neuwirth. Das bedeutet nichts weniger als das Gegenteil der gegenwärtigen populistischen Verzerrung des Islam, die immer und immer wieder betont, der Islam sei im Kern eine gewalttätige Religion. Gott habe sich laut der 6. Sure selbst Barmherzigkeit vorgeschrieben, was die Barmherzigkeit unter Gottes Handlungsmaximen erstrangig werden ließ, so Neuwirth. Nicht zuletzt der Gottesname „der Barmherzige" begründe eine „neue, von dem Barmherzigkeitsgedanken inspirierte Frömmigkeit"[123]. Es könnte sich in dieser auf Respekt gegründeten Begegnung herausstellen, dass der Umgang mit den dunklen Seiten religiöser Tradition vor allem eine *eigene* Frage ist: Dass Themen wie Ausgrenzung und Gewalt zunächst als eigene Probleme aufzuarbeiten sind – etwa in einem kritischen Umgang mit bestimmten menschenrechtsfeindlichen Teilen der biblischen Tradition.

Im Getöse säbelrasselnder Demagogen kann leicht die überlebenswichtige Erkenntnis Zygmunt Baumans untergehen, die lautet: „Die Menschheit befindet sich in der Krise – und es gibt keinen anderen Ausweg aus dieser Krise als die Solidarität zwischen den Menschen."[124] Den Kirchen stünde es gut zu Gesicht, zu Kräften dieser Solidarität zu werden. Im Grunde lässt sich ausgehend von der Liebesbotschaft Jesu auch kein anderer Weg einschlagen.

6. „Es gibt kein Glück außerhalb der Liebe": *Tzvetan Todorov*

Der bulgarische Literaturtheoretiker Tzvetan Todorov (1939–2017) hat in seinem Buch „Abenteuer des Zusammenlebens" (deutsch 1998) das Problem der Anerkennung als eine grundlegende anthropologische Fragestellung behandelt. Wie die meisten Anerkennungstheoretiker der Gegenwart betrachtet Todorov das Bedürfnis nach Anerkennung als ein Grundbedürfnis des Menschen. Denn das Menschliche gründe im Zwischenmenschlichen und jeder Mensch strebe nach einer Anerkennung seines Wertes, die ihm nur durch den Blick anderer zukommt. Er schreibt: „Das Bedürfnis nach Anerkennung ist das konstitutive menschliche Faktum." Und: „Die Anerkennung unseres Seins und die Bestätigung unseres Werts sind der Sauerstoff des Daseins."[125]

Die Begründung dieser These liegt Todorov zufolge in der spezifischen frühkindlichen Interaktion des Säuglings mit seiner Mutter: „Nach einigen Wochen jedoch kommt es zu einem Ereignis, das bei den anderen Säugetieren keine Entsprechung hat: das Kind erheischt den Blick seiner Mutter, nicht nur, damit sie es stillt oder tröstet, sondern weil dieser Blick als solcher ihm eine unabdingbare Ergänzung bringt: er bestätigt es in seiner Existenz."[126] Neben der offenkundigen biologischen Abhängigkeit des Kindes von Nahrung und Versorgung durch die Mutter erlebt es also eine soziale Abhängigkeit.

Die Interaktion zwischen Kind und Elternteil entwickele sich dabei in fünf Stufen.[127] Zuerst kommt es zur Aufnahme von *Kontakt* in den ersten zwei Lebensmonaten, das heißt, der Säugling identifiziert Stimmen und Gesichter der Eltern und erzeugt ihre Aufmerksamkeit durch Weinen oder Lachen, sucht den Kontakt zum warmen und weichen Körper der Bezugsperson, will umsorgt sein – „die Keimform des Dialogs ist da".

Es folgt in den nächsten drei Lebensmonaten die zweite Stufe, die des *Blickes*. Der Blick des Säuglings kann gezielt auf etwas gerichtet und scharf gestellt werden. Es kommt zu differenzierten Blick-Wechselspielen mit den Eltern, kombiniert mit Lächel-Interaktionen und einem ersten vokalen Austausch – im Wechsel- oder Zusammenspiel. „Das Menschenkind will gesehen werden und nicht nur selbst sehen (…). Der Blick der Eltern ist der erste Spiegel, in dem das Kind *sich* sieht." Das Kind wisse nun: „man schaut mich an, also existiere ich; der Blick der Eltern hat das Kind in das Dasein eingeführt".

In der dritten Stufe, der Stufe der *Manipulation* im Alter von fünf bis neun Monaten, beginnt das Kind seine Umgebung zu erkunden und entdeckt die Fähigkeit, Einfluss zu nehmen auf die umgebenden Objekte durch die Benutzung der Finger oder die Beziehungsaufnahme zu Objekten jenseits der anfänglichen Dyade. Es kommt zu Erkundungen und Beeinflussungen mittels des Einsatzes der Hände.

Auf der vierten Stufe, der Stufe des *Gedächtnisses* und der *Erinnerung*, die im Alter von neun bis achtzehn Lebensmonaten angesiedelt ist, kommt es zu einer „zweiten Geburt" des Kindes. Denn es kann nun kraft seiner kognitiven Fähigkeiten zwischen den Personen unterscheiden und ein Zeitgefühl entwickeln. Die Anderen werden zu echten Dialogpartnern in dem Sinn, dass durch das Verhalten der eigene Wille gezeigt wird, etwa der Wunsch nach Aufmerksamkeit. Es kommt zu Nachahmungsversuchen der Eltern oder Gefährten, auch zu Konkurrenzverhalten. Kurz: „Die Reziprozität ist geboren."

Schließlich wird auf der fünften Stufe ab dem 18. Lebensmonat der Erwerb der *Sprache* vorbereitet und das symbolische Denken gefestigt. „Die Sprache – das Gespräch – ermöglicht eine Interaktion, die allem Vorangegangenen (an Subtilität wie an Effizienz) derart überlegen ist, dass sie die menschliche Aktivität schlechthin wird." Mit den Mitteln der Sprache kann die Welt in ganz anderer Weise erkundet und bestimmt und beeinflusst werden als mit den vorangegangenen Mitteln der Gesten und Blicke.

In Bezug auf die Anerkennung tritt dann später – in der Phase des Erwachsenwerdens des Menschen – eine Veränderung ein. Während die Anerkennung bisher hauptsächlich „nur" von den Eltern empfangen wurde, strebt der Erwachsenwerdende nun auch nach der Anerkennung durch Andere – etwa durch Altersgenossen, Liebespartner oder Vorgesetzte. Und: Der Erwachsene möchte nicht mehr nur Empfänger der Anerkennung sein, sondern auch ihr Spender.

Todorov unterscheidet zwei Formen und zwei Stufen von Anerkennung. Es gebe einerseits eine „Anerkennung durch Übereinkunft" und andererseits eine „Anerkennung durch Unterscheidung" – entweder will man also durch Besonderheiten als abgehoben von anderen erscheinen oder man bezieht seine Anerkennung aus möglichst großer Konformität zum Denken und Verhalten der Mehrheit, durch den Beweis der „untadeligen Treue zur Gruppe".[128]

Grundsätzlich verlaufe der Anerkennungsprozess in zwei Stufen: Zunächst verlangen wir von anderen, unsere Existenz *anzuerkennen* und sodann unseren Wert zu *bestätigen*. Dem entsprechen die jeweiligen Negativformen: die *Entwertung* als fehlende Anerkennung der eigenen Existenz und die *Verwerfung* als Verweigerung der Bestätigung des eigenen Wertes.[129]

Historisch habe sich Todorov zufolge die Anerkennungskultur entwickelt von der „Anerkennung durch konformes Verhalten" in der *traditionalen* Stände-Gesellschaft hin zur „Anerkennung durch Unterscheidung und Auszeichnung" in der *demokratischen* Gesellschaft. Das grundsätzliche Bedürfnis nach Anerkennung ist allerdings in jeder Gesellschaftsform als eine starke Triebkraft anzusehen: „Die Menschen streben unendlich stärker nach symbolischen Anerkennungen als nach der Befriedigung der Sinne. (...) Der Hunger nach Anerkennung scheint unstillbar."[130]

Kann die Anerkennung nicht befriedigend erlangt werden oder wird gar eine Verkennung oder Entwertung erlitten, strebt der Mensch nach Ersatzanerkennungen, beispielsweise durch *Regelverletzung* (negative Aufmerksamkeit) oder durch das Erheischen stellvertretender Anerkennung in Form der *Verehrung* eines Idols oder des nationalistischen oder religiösen Fanatismus. Die heutige Macht des islamischen Fundamentalismus hat Todorov zufolge zur Bedingung, dass es den Individuen in den betreffenden Ländern unmöglich ist, zu irgendeiner anderen Form der Anerkennung zu gelangen. „Der Fanatismus ist immer begleitet vom Hass auf die Anderen und Andersartigen: die andere Seite der Medaille der gemeinsamen Zugehörigkeit sind der Ausschluss und die Herabwürdigung derer, die nicht der richtigen Gemeinschaft angehören (...)."

Zusammenfassend betont Todorov die unhintergehbare soziale Verfasstheit des individuellen Selbst: „Das Selbst existiert nur in seinen und durch seine Beziehungen zu den anderen; den gesellschaftlichen Austausch zu intensivieren, heißt das Selbst zu bereichern."[131] Daraus folgt, dass die gegenwärtige Dominanz des individualistisch geprägten Lebensentwurfs blind mache für die Grundtatsache menschlichen Lebens: „Es gibt keine Erfüllung außerhalb der Beziehungen zu den anderen."[132] Diese *conditio humana* gelte es anzunehmen und zu verwirklichen in der einzig möglichen Form: in der intensiven Teilhabe an Gesellschaft, in der Fürsorge und Anerkennung, in der innigen Verbundenheit mit anderen. Denn: „Es gibt kein Glück außerhalb der Liebe."[133]

Angesichts dieser Begründung des menschlichen Angewiesenseins auf soziale Anerkennung kommt der Religion meines Erachtens eine doppelte Bedeutung zu: als *Stifterin sozialer Netze* und als *Spenderin eines grundsätzlichen Anerkennungsverhältnisses* zu einem göttlichen Gegenüber. Gerade in der individualistisch geprägten Gegenwart können religiöse Gemeinschaften noch einen Raum für soziale Beziehungen zur Verfügung stellen, der sonst an vielen Stellen erodiert ist. Dieses Gewähren einer Möglichkeit zur sozialen Begegnung, zum Austausch und auch zur Fürsorge könnte dabei helfen, dem grundlegenden Bedürfnis des Menschen nach Anerkennung, Bindung und Teilhabe entgegenzukommen und ihn aus der atomisierten Situation eines einsam und bindungslos gewordenen „Ichling"-Daseins zu befreien. Das Angebot einer inneren Beziehung zum transzendenten Göttlichen, das beispielsweise in der jüdisch-christlichen Tradition als ein Verhältnis des Anerkanntseins und Getragenseins vorgestellt ist, kann den immerwährenden Hunger nach Anerkennung und Liebe vielleicht nicht stillen, aber doch ein wenig Nahrung geben und den Einzelnen mit einem gewissen Maß an Anerkennung versorgen.

III. Anerkennung aus psychoanalytischer Sicht

Bereits bei den sozialphilosophischen Beiträgen zur Anerkennungstheorie wird deutlich, dass der *psychologischen* Bedeutung und Begründung der Anerkennung eine Schlüsselrolle zukommt. Die psychologische Erkenntnis einer grundlegenden Intersubjektivität des Menschen beeinflusst wesentlich die Ansätze der Anerkennungsforschung und hat in den letzten Jahrzehnten stark an Bedeutung gewonnen – auch innerhalb der Psychoanalyse. Es kann sogar von einem *intersubjective turn* in der Psychoanalyse gesprochen werden: Der Mensch wird als ein Wesen angesehen, „das sein Selbst in der Interaktion mit anderen aufbaut und sich deshalb auch nur aus diesen Beziehungen heraus verstehen lässt." Dabei beziehen sich auch diese Theoretiker auf die Hegel'sche Annahme, dass sich der „Geist" – also „die tätige Wirklichkeit der Vernunft" – nur in intersubjektiven Verhältnissen realisiert.[134] Eine wesentliche Triebfeder für diese relationale Betrachtungsweise des Menschen stellt die psychoanalytische Säuglingsforschung dar. Sie ist mit den Namen René Spitz, Donald W. Winnicott, Daniel Stern und John Bowlby verbunden.

Der österreichisch-amerikanische Psychoanalytiker René Spitz (1887–1974) entdeckte in den 1940er Jahren bei Babys, die ohne Mutter in Waisenhäusern aufwuchsen und bei denen die „affektive Zufuhr" extrem reduziert war, das Phänomen des sogenannten *Hospitalismus*: eine schwere physische und psychische Verkümmerung, die aus dem Fehlen sozialen und emotionalen Kontaktes resultierte.¹³⁵ Spitz bewies, dass Menschen insbesondere in den frühen Phasen ihrer Entwicklung existenziell angewiesen sind auf Beziehungen zu anderen – auf deren Anerkennung: „Menschen kommen zwar als Einzelwesen auf die Welt; sie leben aber zunächst in einem symbiotischen Zustand mit ihrer Bezugsperson und bauen erst im Lichte dieser Anerkennung oder dieses Angenommen-Seins allmählich ein Verhältnis zu sich und zur Welt auf." Daraus ergibt sich, dass Sozialität als die Voraussetzung zu denken ist, durch die Einzelne erst zu Individuen werden.¹³⁶ René Spitz hat aufgrund seiner alarmierenden Forschungsergebnisse drastische Worte gefunden. Für ihn bedeutete die Vorenthaltung von emotionaler Nahrung und affektiver Zufuhr durch die Eltern im frühkindlichen Alter – also die Verweigerung einer echten Beziehung zum Kleinkind – die irreversible Zerstörung der Beziehungsfähigkeit und damit letztlich die Zerstörung der Fähigkeit, ein vollumfänglicher Teil der Gesellschaft sein zu können.

Dazu sei der letzte Absatz seines Buches „Vom Säugling zum Kleinkind" zitiert:

„Von der Gesellschaft aus gesehen, haben gestörte Objektbeziehungen im ersten Lebensjahr, seien sie abweichend von der Norm, ungeeignet oder unzureichend, Folgen, die das Fundament der Gesellschaft selbst gefährden. Ohne eine Schablone, eine Prägeform fehlt den Opfern gestörter Objektbeziehungen später selbst die Fähigkeit, Beziehungen herzustellen. Sie sind nicht ausgerüstet für die fortgeschritteneren, komplizierteren Formen des persönlichen und gesellschaftlichen Austauschs, ohne den wir als Art nicht fähig wären, weiter zu existieren. Sie können sich nicht an Gesellschaft anpassen. Sie sind emotionelle Krüppel (…). Ihre Fähigkeit zu normalen menschlichen und sozialen Beziehungen ist gestört (...). Da ihnen die affektive Nahrung vorenthalten wurde, auf die sie Anspruch hatten, ist ihr einziges Hilfsmittel die Gewalt. Der einzige Weg, der ihnen noch offensteht, ist die Zerstörung einer Gesellschaftsordnung, deren Opfer sie sind. Das Kind wurde um die Liebe betrogen, dem Erwachsenen bleibt nur Hass."[137]

Ebenso bedeutsam sind die Säuglingsforschungen von Daniel Stern, dessen wesentliche Erkenntnis darin besteht, dass sich das Selbst des Kindes aus einem unendlich präzisen und differenzierten affektiven Zusammenspiel der Äußerungen des Kindes und der Reaktionen und Äußerungen der Mutter abspielt. Wesentlich sei dabei die *Affektabstimmung* zwischen Mutter und Kind, bei der die Mutter möglichst genau den Gefühlszustand ihres Babys wahrnimmt und dieses Verstehen ihm dann so zurückspiegelt, dass es sein Gefühl in der Mutter erkennt.[138] Die Anerkennung ist hierbei ein elementarer Vorgang, ohne den sich keine Selbststruktur entwickeln kann. Das Selbst eines Kindes erbaue sich letztendlich aus generalisierten Interaktionserfahrungen.

Inwiefern für den Säugling die erste Beziehung zu seinem Gegenüber und die darin gemachten Anerkennungserfahrungen von so entscheidender Bedeutung sind, soll im Folgenden anhand der Ansätze von Donald W. Winnicott (1896–1971) und Martin Dornes verdeutlicht werden. Im Grunde läuft es auf die Erkenntnis hinaus, dass der Säugling/der Mensch angewiesen ist auf die emotionale Beantwortung und Spiegelung seiner geäußerten Empfindungen und Stimmungen.[139] Diesen elementaren Vorgang primärer Intersubjektivität kann man auch als die

„Geburt der Subjektivität aus der Intersubjektivität" bezeichnen.[140]

Im Grunde genommen wird damit eine Erkenntnis ausgeformt, die bereits der Philosoph Martin Buber im Jahr 1923 in seiner Schrift „Ich und Du" in philosophischer Form ausgeführt hat. Hier schrieb er die folgenden berühmt gewordenen Sätze, die sich wie luzide Vorwegnahmen der späteren psychologischen Erkenntnisse der Säuglingsforschung lesen:

„Im Anfang ist die Beziehung: als Kategorie des Wesens, als Bereitschaft, fassende Form, Seelenmodell; das Apriori der Beziehung; *das eingeborene Du*. Die erlebten Beziehungen sind Realisierungen des eingeborenen Du am begegnenden (...). Die Entwicklung der Seele im Kinde hängt unauflösbar zusammen mit der des Verlangens nach dem Du, den Erfüllungen und Enttäuschungen dieses Verlangens, dem Spiel seiner Experimente und dem tragischen Ernst seiner Ratlosigkeit. (...) Der Mensch wird am Du zum Ich."[141]

1. Anerkennung als psychische Geburt: *Donald W. Winnicott*

Der britische Kinderarzt und Psychoanalytiker Donald W. Winnicott (1896–1971) war einer der ersten Forscher, die die grundlegende und lebenslange Bedeutung der frühen Mutter-Kind-Beziehung erkannt und beschrieben haben. Mit seinem bekannt gewordenen Satz „There is no such thing as a baby" fasste er seine Erkenntnisse einmal zusammen: Ein Säugling ist ohne die Fürsorge seiner Mutter nicht denkbar.[142] Mit mütterlicher Fürsorge bezeichnet

Winnicott jenen grundlegenden Vorgang der Stellvertretung des Säuglings durch die Mutter, in dem „das Ich des Säuglings durch das Ich der Mutter vertreten und so kraftvoll und stabil gemacht wird"[143].

Winnicott unterscheidet dabei drei Phasen der befriedigenden elterlichen Fürsorge: die Halte-Phase, die Mutter-Säugling-Dyade und schließlich die Vater-Mutter-Kind-Triade. Insbesondere der *Halte-Phase* komme eine lebenslang prägende Bedeutung zu. Für ein Gelingen dieser Phase sei es notwendig, dass sich die Mutter mit ihrem Baby identifiziere, das heißt einen Teil ihres Gefühls für ihr Selbst auf das Kind verschiebe und *intuitiv* auf die Bedürfnisse und Empfindungen des Kindes eingehe. Die daraus resultierende „lebendige Anpassung an die Bedürfnisse des Säuglings", das heißt insbesondere das Halten und Tragen des Kindes, erzeuge im Säugling ein Gefühl der Sicherheit und Kontinuität, das die Grundlage der späteren Ich-Stärke sei.[144] Wo die „Mutterpflege" dagegen versage und keine haltende Umwelt biete, entwickele sich eine Ich-Schwäche des Säuglings: „Wenn die ‚Mutterpflege' nicht gut genug ist, kommt der Säugling nicht wirklich zu einer Existenz, da es keine Kontinuität des Seins gibt; statt dessen baut sich die Persönlichkeit auf der Grundlage von Reaktionen auf Umweltstörungen auf."[145] Aus diesem ungeschützten Ausgesetztsein gegenüber Umweltstörungen entwickele sich auch das, was Winnicott *das falsche Selbst* nennt. Da erlebt sich der Säugling als gleichsam abgekoppelt von der Schutz- und Versorgungsfunktion der Mutter und es dringen die Übergriffe der Umwelt schutzlos in das Kind ein und greifen den geschützten Kern seiner Persönlichkeit – sein *wahres Selbst* – an. Das verursacht große Angst und bewirkt eine Vernichtung seines personalen Seins. Um dem zu begegnen, entwickele das Kind den Abwehrmechanismus des *falschen Selbst*, also eine Anpassung an die Situation durch Verbergen des wahren Selbst und den Aufbau der Illusion, man könne die Übergriffe beherrschen, indem man ein anderer ist.[146] Es handelt sich dabei um eine Spaltung der Persönlichkeit, die je früher sie einsetzt als desto tiefgehender angesehen werden muss. Kommt es also dazu, dass die Mutter nicht adäquat auf die Bedürfnisse des Säuglings eingeht, kann er sich nicht einfach seinen Triebimpulsen hingeben und muss diesen bedürftigen Teil in sich verbergen. Der Säugling überlässt sich dann dem Zustand seines *falschen Selbst*, das einen passiven Umgang mit der Außenwelt mit sich bringt und letztlich nur aus Anpassungsleistungen und nicht aus eigenen kreativen Prozessen besteht.

Die Folge ist, dass das Kind nicht über jene Omnipotenzerfahrung der frühen Mutter-Kind-Dyade verfügt, die entsteht, wenn das Kind auf dem Höhepunkt seines Hungers gestillt wird. Damit werde es in seiner Fähigkeit, äußere Beziehungen aufzunehmen, stark beeinträchtigt. „Die Entfaltung dieses willfährigen, falschen Selbst kann zu keinem guten Ende führen."[147] Diese grundlegende Spaltung könne aber durch eine *hinreichend gute Säuglingsbetreuung* in den frühesten Phasen der emotionalen Entwicklung, durch eine sensible Anpassung an die Bedürfnisse verhindert werden.[148]

Die elementare Bedingung für die Entwicklung des Säuglings sind also eine Anerkennung seiner Bedürfnisse und eine angemessene Versorgung in der ersten Phase *absoluter* Abhängigkeit. Auf diese folgt dann die Phase der *relativen* Abhängigkeit, die etwa vom sechsten Lebensmonat bis zum zweiten Geburtstag andauert und eine abgestufte

Ent-Anpassung der Mutter vom Kind mit sich bringt. Es kommt beim Säugling gleichermaßen zu Erfahrungen der Abwesenheit der Mutter wie zum bewussten Erkennen der Abhängigkeit von ihr. Die Zeiten des Alleinseins sind ab einer bestimmten Dauer deshalb oft begleitet von Kummer, Enttäuschung, Angst und Ohnmacht, auch von Hass und Aggression. „Die Mutter kann sagen, ‚Ich gehe fort, um Brot zu holen‘. Dies kann funktionieren, aber nur wenn sie nicht länger fortbleibt, als die Zeitspanne, während der der Säugling in seinem Gefühl die Vorstellung von ihr am Leben erhalten kann."[149] In dieser Phase erfährt das Kleinkind, dass es nicht mehr symbiotisch verbunden ist mit der Mutter, sondern sie ein Phänomen außerhalb seines Selbst darstellt. Es beginnt eine Entflechtung von äußerer und innerer Realität, eine Entwicklung aus der Symbiose hin zur Selbstständigkeit. „Wenn erst einmal draußen ‚nicht-ICH‘ bedeutet, bedeutet innen ‚ich‘ und nun gibt es einen Ort, wo man Dinge aufheben kann."[150]
In dieser Phase kommt dem sogenannten Übergangsobjekt eine besondere Bedeutung zu – ein Bettzipfel oder ein Teddybär, der in Zeiten des Alleinseins die abwesende Mutter repräsentiert und eine Brücke schlägt zwischen innerer und äußerer Realität. Das Übergangsobjekt erhält die mütterliche Funktion des Haltens aufrecht und hilft dem Säugling, die Mutter letztendlich gänzlich in sich als *innere Repräsentanz* aufzunehmen. Dieses Übergangsobjekt baut allerdings auf der Erfahrung der Verlässlichkeit der Mutter in der Phase der absoluten Abhängigkeit auf. Das Übergangsobjekt ist also die Folge einer gelungenen mütterlichen Fürsorge in der ersten Zeit. „Erst das Vertrauen auf die Verlässlichkeit der Mutter und damit die anderer Menschen und Objekte ermöglicht die Abtrennung des

‚Nicht-ich' vom Ich."[151] Übergangsobjekte können sich im Übrigen wandeln und ein Leben lang in Gestalt von *Religion* oder *Kunst* jene emotionale Funktion erfüllen, „die von der Mutter eingestiftete Wärme und Geborgenheit zu evozieren" und das Gefühl aufrechtzuerhalten, gegen allen Augenschein geliebt zu sein.[152]

Bezogen auf das Anerkennungsthema könnte man sagen, dass die erfahrene Anerkennung durch die Mutter in Gestalt einer verlässlichen Versorgung der eigenen Bedürfnisse und des *Gehaltenseins* die Grundlage darstellt für die Anerkennung von sich selbst als eigenständiger Person und eines Person-in-Beziehung-Seins in den Folgephasen. Aus dem erfahrenen und erfolgreichen *Vertrauen* in die Mutter kann langsam ein Vertrauen in sich selbst entwickelt werden – oder anders gesagt: ein Vertrauen in *die innere Mutter*. Damit ist auch der fortschreitende Prozess einer „Annäherung an Unabhängigkeit" grundgelegt, in dem es zu immer weiteren Identifizierungen des Kindes/Heranwachsenden mit der Gesellschaft kommt – einem ständigen Vermitteln zwischen Innen und Außen, zwischen den eigenen Bedürfnissen und den Erfordernissen der Gesellschaft.[153] Dabei kann eine Person, die in ihrer Entwicklung auf ausreichend gute Verlässlichkeits- und Anerkennungserfahrungen zurückblicken kann, näher an das Ideal der Unabhängigkeit herankommen als eine Person, die sich aufgrund mangelhafter Versorgung und Anerkennung im Deckmantel des *falschen Selbst* durch die Welt bewegen muss und praktisch über eine große Ich-Schwäche verfügt.

Überlegungen im Anschluss an D. W. Winnicott
Für Axel Honneth sind Winnicotts Erkenntnisse der wesentliche Baustein zum Verständnis der grundlegends-

ten Anerkennungsform des Menschen – der *Liebe*, die er als ein Verhältnis wechselseitiger Anerkennung definiert:

„Auszugehen ist dann von der Hypothese, dass alle Liebesbeziehungen von der unbewussten Rückerinnerung an jenes ursprüngliche Verschmelzungserlebnis angetrieben werden, das die ersten Lebensmonate von Mutter und Kind geprägt hatte; der innere Zustand symbiotischen Einsseins formt das Erfahrungsschema vollständigen Zufriedenseins auf so einschneidende Weise, dass er zeitlebens hinter dem Rücken der Subjekte den Wunsch wachhält, mit einer anderen Person verschmolzen zu sein. Zum Gefühl der Liebe wird dieser Verschmelzungswunsch allerdings erst, wenn er durch das unvermeidliche Erlebnis der Trennung soweit enttäuscht worden ist, dass in ihn von nun an die Anerkennung des anderen als eine unabhängige Person konstitutiv miteinbezogen ist; nur die zerbrochene Symbiose lässt zwischen zwei Menschen jene produktive Balance zwischen Abgrenzung und Entgrenzung entstehen, die für Winnicott zur Struktur einer durch wechselseitige Desillusionierung gereiften Liebesbeziehung gehört."[154]

Honneth beschreibt die Liebe im Anschluss an Winnicott als Anerkennungsbalance zwischen der Verschmelzung mit dem Anderen und der Anerkennung des Anderen als Anderen – also zwischen Abhängigkeit und Selbstständigkeit. Die Liebe erscheint somit als eine Aufrechterhaltung der Gegenseitigkeit dieses zwischenmenschlichen Spannungsgefüges.[155] Das bedeutet näherhin, dass es in der Liebe gleichermaßen um die *Unabhängigkeit* von der anderen Person geht wie um die *emotionale Bindung* an sie: „Nicht eine kognitive Respektierung, sondern eine durch Zuwendung begleitete, ja unterstützte Bejahung von Selbstständigkeit ist also gemeint, wenn von der Anerkennung als einem konstitutiven Element der Liebe die Rede ist."[156]

Für die Rolle der Religion gibt es in dieser entwicklungspsychologischen Begründung des Anerkennungsverhältnisses der Liebe ganz offensichtlich einen Platz. Winnicott deutet das an im Zusammenhang mit seinen Überlegungen zur Funktion des Übergangsobjekts. Er beschreibt darin die Religion als eine Form des lebenslangen Übergangsobjekts, das die frühkindlichen Übergangsobjekte ablöse. „In der Ausübung der Religion, der künstlerischen Betätigung oder Kunstbetrachtung kann sich das Individuum jener Aufhebung der eindeutigen und untrüglichen Unterscheidung zwischen Realität und Phantasie erfreuen, derer der Mensch bedarf."[157]

Winnicott versteht offenbar die Religion ebenso wie Freud als eine Illusion, jedoch bewertet er diese grundsätzlich positiv: Der Mensch brauche für die Aufrechterhaltung und Ausgestaltung seiner inneren Realität Illusionen und Phantasien, sonst hätte er für die äußere Realität nur mangelhafte Bewältigungsmöglichkeiten. Winnicott schreibt:

„Wir behaupten nun, dass die Akzeptierung der Realität als Aufgabe nie ganz abgeschlossen wird, dass kein Mensch frei von dem Druck ist, innere und äußere Realität miteinander in Beziehung setzen zu müssen, und dass die Befreiung von diesem Druck nur durch einen nicht in Frage gestellten *intermediären Erfahrungsbereich* (in Kunst, Religion usw.) geboten wird. (...) Dieser intermediäre Erfahrungsbereich, der nicht im Hinblick auf seine Zugehörigkeit zur inneren oder äußeren Realität in Frage gestellt wird, begründet den größeren Teil der Erfahrungen des Kindes und bleibt das Leben lang für außergewöhnliche Erfahrungen im Bereich der Kunst, der Religion, der Imagination und der schöpferischen wissenschaftlichen Arbeit erhalten."[158]

Freilich kann die Religion ihre *haltgebende Funktion* für die Psyche nur entfalten, wenn sie ihrerseits auf der beschriebenen Erfahrung von Vertrauen und Zuwendung durch die Mutter basiert. Dann kann sie als eine gleichsam *verlängerte Mutterfunktion* angesehen werden, durch die man jene Anerkennung bezieht, die man im Umgang mit den Frustrationen der Realität benötigt: das Wissen, möglicherweise auch gegen den äußeren Anschein, geliebt und beschützt zu sein.[159] Die Gottesidee, beziehungsweise die Vorstellung, von Gott geliebt zu sein, hat dann eine stützende und stabilisierende psychische Funktion. Allerdings, so muss man wohl hinzufügen, kann die Religion diese Funktion nur erfüllen, wenn sie ihrerseits kein ambivalenter Erfahrungsfaktor ist, also wenn sie tatsächlich auch ein Gefühl des Geliebtwerdens und der Geborgenheit stiftet. Religionsformen, die dagegen mit Sündenangst und göttlichem Gericht dem Menschen die Hölle heiß machen, können wohl nicht unter diese positive Funktionalität gerechnet werden.

Für eine heutige Begründung einer Kultur der Anerkennung bedarf es daher der Förderung jener Religionsformen, die im Winnicott'schen Sinne in der Lage sind, die mütterliche Halte-Funktion zu erfüllen. Und gleichzeitig, so könnte man im Anschluss an die Honneth'sche Winnicott-Interpretation anfügen, sollte die Religion dazu befähigen, reziproke Beziehungen – also durch Anerkennung gebrochene Symbiosen – zu führen. Eine anerkennungsförderliche Religion müsste dabei helfen, Beziehungsformen zu leben, die ausbalanciert sind zwischen den Polen der Unabhängigkeit und der Verschmelzung. Dazu wären entsprechende Gottesbilder und Traditionsinterpretationen nötig.

2. Vom Glanz in den Augen der Mutter – die psychische Notwendigkeit der Anerkennung: *Martin Dornes*

Der Entwicklungspsychologe Martin Dornes betont in seinem Entwurf ebenfalls die grundlegende Bedeutung der Anerkennung des Säuglings für seine psychische Entwicklung und die Ausbildung eines eigenen Selbst und Selbstwertgefühls. „Der Mensch ist das (vielleicht) einzige Lebewesen, das nicht nur die Befriedigung seiner Bedürfnisse anstrebt, sondern außerdem noch deren Anerkennung." Dieser Kampf um oder die Suche nach Anerkennung spiele sich in der Interaktion mit der Mutter ab. Das Kind wolle in dieser Phase der sogenannten primären Intersubjektivität nicht einfach nur die Befriedigung seiner Bedürfnisse, sondern gleichzeitig auch die positive Anerkennung seiner Bedürfnisäußerung. Beim Menschen, so Dornes, müsse eben nicht nur der Hunger befriedigt werden, sondern zugleich müsse auch die Art und Weise, wie er sich artikuliert, als *legitim* anerkannt werden.[160] Wichtig für diese Interaktionen ab dem zweiten Lebensmonat sei es, dass die Anerkennung nicht nur einseitig von der Mutter geleistet wird, sondern bereits in diesem frühen Stadium als ein *reziproker Austausch* gesehen wird – also den Charakter der Wechselseitigkeit aufweist.[161] Aus diesen empirisch belegbaren Beobachtungen schließt Dornes, dass viele neurotische Störungen nicht aus frustrierten Triebwünschen, sondern aus frustrierten Anerkennungsbedürfnissen resultieren.[162]

Dornes unterscheidet allerdings noch eine weitere Anerkennungsdimension: die sekundäre Intersubjektivität, die ab dem neunten Lebensmonat zum Tragen kommt – die Fähigkeit, sich nicht nur im Dialog bidirektional aufeinander zu beziehen, sondern sich gemeinsam auf etwas Drittes beziehen zu können. Es geht dann nicht mehr nur um einen reziproken Austausch und die wechselseitige Anerkennung von Affekten und Verhalten, sondern um die Wahrnehmung, Validierung und das gemeinsame Anstreben von mentalen und emotionalen Zuständen als *Ziel* der Interaktion. Es ist das Bedürfnis nach *kommunikativer Verständigung* über die Welt und Innenwelt.[163] Eine Verweigerung der Bezugsperson, auf dieses Bedürfnis nach geteilter Wahrnehmung von mentalen Zuständen einzugehen, kann dieselben negativen Folgen für die psychische Entwicklung haben wie die Verweigerung des Anerkennungsbedürfnisses in der Phase der primären Intersubjektivität.

Zum näheren Verstehen des reziproken Anerkennungsverhältnisses zwischen Mutter und Kind bedient sich Dornes der Theorie Winnicotts von der „Objektverwendung und Identifizierung". Nach dieser befinde sich der Säugling anfangs in einem Zustand *absoluter Abhängigkeit*, einer symbiotischen Beziehung mit der Mutter. Diese sei gänzlich ein Objekt seiner Innenwelt und identisch mit seinen Phantasien. Die rechtzeitige Stillung durch die Brust erscheint ihm dabei wie von ihm selbst herbeihalluziniert – als eine Folge seiner *Omnipotenz*. Dieser Vorgang stärke sein Selbstwertgefühl und seine Anerkennung als ein Selbst. „Das Subjekt wird also real durch Anerkennung, das heißt bei Winnicott durch Bestätigung seiner omnipotenten Phantasien."[164] Ab dem sechsten Lebensmonat – wenn der Säugling zum ersten Mal die Ahnung hat, die Mutter könne eine von ihm getrennte Person sein – findet er zu einer *relativen Abhängigkeit*, in der eben die Mutter auch als unabhängiges Subjekt außerhalb seiner omnipotenten Kontrolle wahrgenommen wird. Der Motor dieser Entwicklung zur höheren Form der Intersubjektivität ist einer Theorie Winnicotts zufolge die Aggression, die der Säugling in Folge der Wahrnehmung der Abwesenheit der Mutter entwickele – und phantasmatisch auslebe.

Dornes kritisiert allerdings den spekulativen Gehalt dieser Winnicott'schen Theorie und hält mit den Ergebnissen der Säuglingsforschung entgegen, dass der Säugling bereits sehr viel früher fähig sei zur Wahrnehmung einer von ihm getrennten äußeren Realität. Der Säugling sei von Anfang an in der Lage, eine von Objekten ausgelöste Empfindung als Empfindung „von etwas" zu begreifen. Er nimmt also von Anfang an die Außenwelt als Außenwelt wahr. Insofern habe Winnicott unrecht, wenn er die Wahrnehmung der Unabhängigkeit der Bezugsperson als Entwicklungsschritt beschreibt. Denn diese Fähigkeit sei ein „primäres Datum".[165] Recht behalte Winnicott allerdings in der Erkenntnis, dass der Säugling erst einer Entwicklung bedürfe, um diese Wahrnehmung eines Anderen als Anderen auch *emotional zu ertragen* und in ein echtes Verhältnis der reziproken emotionalen Anerkennung zu gelangen. Zu dieser Anerkennung werde der Säugling wohl erst fähig, wenn er ausreichend eigene Erfahrungen des Anerkannt-Werdens gemacht hat. Entscheidend sei die Erkenntnis, dass das Kind zur emotionalen Anerkennung des Anderen und zum Eingehen einer reziproken Beziehung mit ihm – was etwa im Alter von drei Jahren möglich werde – zunächst und zuerst in seinem Bedürfnis nach „Anerkannt-*werden*-wollen" bestätigt worden sein muss.[166] Insofern ist die volle Gegenseitigkeit des Anerkennungsverhältnisses nichts von Anfang an existierendes, sondern etwas, das durch die vorlaufende und einseitige Anerkennung des Seins und Tuns des Säuglings durch die Bezugsperson vorbereitet und ermöglicht wird.

Überlegungen im Anschluss an Martin Dornes
Bezieht man diese Erkenntnisse auf die Frage nach der Bedeutung der Religion für die Anerkennungsthematik, wird deutlich, dass es mit der Forderung an den Gläubigen nach Anerkennung des Anderen nicht so einfach ist. Denn Voraussetzung für jede Anerkennungsleistung ist, dass man sich selbst als anerkannt erfahren hat und immer wieder erfährt. Anerkennung in dem oben beschriebenen psychologischen Sinn bedeutet aber wohlgemerkt nicht eine „billige Lobhudelei", sondern das „akzeptierende Mitgehen", wie die Psychoanalytikerin Verena Kast einmal bemerkte. Oder ausgedrückt mit einer Metapher Heinz Kohuts: Das Kind braucht den Glanz im Auge der Mutter.[167]

Die Religion müsste nun idealerweise diese Erfahrung des Anerkannt-Werdens dem Gläubigen zur Verfügung stellen. Sonst dürfte für ihn die Erfüllung der Forderung nach Anerkennung von Anderen und Andersartigkeit utopisch sein. Denn dieses Andere muss dem Gläubigen dann als bedrohlich erscheinen und kann emotional nicht ertragen werden. Das Ich ist gleichsam zu schwach und hat zu geringe Selbstwertressourcen, als dass es Anderes als wertvoll oder zumindest als ein eigenständiges Beziehungsgegenüber anerkennen könnte.

Es ist nur fraglich, in welchem Maße die eigentlich in der frühkindlichen Mutterbeziehung angesiedelte Erfahrung des Anerkannt-Werdens später auf anderem Wege nachgeholt werden kann. Doch die Religion hat sicher eine Chance, gewisse Effekte des Anerkannt-Seins zu erzeugen, etwa durch die Vorstellung von einem bedingungslos liebenden und mitgehenden Gott oder durch die Vorstellung der gnadenhaften Annahme durch Gott. Als besonders wirksam könnten sich dafür die Initiationsriten erweisen, die den Gläubigen in seiner gläubigen Existenz neu anerkennen und eine sowohl *soziale* Anerkennungserfahrung durch die Gemeinschaft stiften als auch eine *mentale* Anerkennung durch Gott bewirken. Prägnant ausgedrückt wird das in dem oftmals als Taufspruch verwendeten Bibelwort „Gott spricht: Fürchte dich nicht, denn ich habe dich erlöst; ich habe dich bei deinem Namen gerufen; du bist mein" (Jesaja Kapitel 43). Auf diesen Anerkennungserfahrungen könnte dann auch eine Anerkennung Anderer aufbauen und eine Dialog- und Beziehungsfähigkeit entwickelt werden.

3. Perversion als Folge gescheiterter Anerkennung: *Jessica Benjamin*

Im Anschluss an Winnicott und andere entwirft die amerikanische Psychoanalytikerin Jessica Benjamin eine Theorie der Intersubjektivität, die die Bedeutung der Anerkennung des Anderen und durch den Anderen – auch über seine Funktion als verinnerlichte Beziehungsfigur hinaus – ernst nimmt. Benjamin beleuchtet die bleibende Bedeutung des Anderen, der ihrer Ansicht nach mehr ist als ein zum inneren Bild gewordener Elternteil. Ihr kommt es darauf an, den kindzentrierten Blick der intrapsychischen Theorie zu überwinden und die Anerkennung als einen wechselseitigen Vorgang in den Blick zu bekommen, in dem es immer der Begegnung zweier Subjekte bedarf. Zwar erkennt sie an, dass der ganze Prozess des Anerkennens mit der einseitigen Anerkennung durch die Mutter initiiert werde: Es ist die bestätigende Reaktion des Anderen auf eine vom Säugling geäußerte Absicht. „Doch sehr früh schon lernen wir, dass wechselseitige Anerkennung zwischen zwei Personen – Verstehen und Verstandenwerden, sich aufeinander einstimmen – für sich selbst erstrebenswert ist."[168]

Die Erkenntnisse über die frühen Mutter-Kind-Interaktionen legen es für Jessica Benjamin nahe, die Entwicklung der wechselseitigen Anerkennung als das zentrale Element für Entwicklung überhaupt anzusehen. Es geht also um diese zwei Seiten der Anerkennung: Die *Anerkennung des Babys durch die Mutter*, die in ihm das Gefühl der eigenen Handlungsfähigkeit erweckt, und die *Anerkennung der Mutter durch das Baby*, die es ihr in Form von affektiven Signalen und Handlungsaufforderungen gibt.[169] Die Intersubjektivität und wechselseitige Anerkennung sei also von Anfang der Mutter-Baby-Interaktion an angelegt. Diese wechselseitige Anerkennung birgt aber eine große Spannung. Denn spätestens wenn im zweiten Lebensjahr die Beziehungsfähigkeit des Kindes voll ausgeprägt ist, es sich als eigenständige Person im Gegenüber zu Anderen erkennt, entsteht ein Kampf zwischen Autonomie und Abhängigkeit: In dem Maße, wie man sich als ein eigenes Selbst erlebt und versteht, ist man auf die Anerkennung durch die Anderen angewiesen und muss diese Anderen wiederum als eigenständige Subjekte anerkennen. „In dem Augenblick, in dem mir die Bedeutung meines Ich, meines Selbst bewusst wird, muss ich auch die Grenzen dieses Selbst begreifen."[170] Das Kind erlebt sich gleichermaßen als unabhängig *und* als von anderen abhängig.

Im zweiten Lebensjahr stellt die Anerkennung des Anderen eine große Herausforderung dar. Denn bisher wurde die Beziehung zur Mutter als eine Art Einheit erlebt – das Kind war in der Dyade ein Teil der Mutter und konnte durch die Erfahrung einer kontinuierlichen Versorgung die Mutter als gutes inneres Bild aufnehmen, das ihm Vertrauen und Selbstwert verleiht. Nun aber entsteht die unumgängliche Situation, dass die Mutter nicht mehr nur als Teil des Selbst erlebt wird, sondern als ein eigenständiges Gegenüber, dessen Leben auch eine Entfernung von und Differenz zum Kind beinhaltet. Die innere Mutter – eine als voll und umfänglich verfügbare Mutter – kommt in Konflikt mit der Realität, in der die Mutter sich zeitweise abwendet und als ein Subjekt, als ein Anderer in Erscheinung tritt. Nun müssen Phantasie und Realität miteinander in Einklang gebracht werden. Das Kind muss von einem nur intrapsychischen Bezug auf die Mutter zu einer Beziehung zur Mutter als eigenem Subjekt in der äußeren Realität kommen.

Laut Winnicott kommt es dabei zu inneren Vernichtungen des Mutterbildes, um zu überprüfen, ob es diese Angriffe überlebt. Die Mutter muss also quasi diese mentalen Angriffe – manchmal begleitet von tatsächlichen Aggressionen – aushalten, indem sie sich auch dem Kind entzieht und es in seinen Symbiosewünschen frustriert, um als das reale Beziehungsgegenüber des Kindes sichtbar zu werden. So verhilft die Mutter dem Kind auf einen Weg aus der Phantasie in die Realität.

Benjamin betont: Es herrsche im Kind eine grundlegende Spannung zwischen Allmachtsphantasie und Anerkennung der Realität. „Der Wunsch, das eigene Selbst absolut zu behaupten und alles, was außerhalb der eigenen Allmachtsvorstellung liegt, zu verleugnen, muss manchmal an der unerschütterlichen Realität des/der Anderen zerschellen."[171] Erst durch diese Aggression werde ein Bezug zu etwas Äußerem jenseits der Phantasie möglich. Die Mutter muss dem Kind aus der Symbiose helfen. „Die Mutter muss beides können: Sie muss dem Kind deutliche Grenzen setzen und den eigenen Willen des Kindes anerkennen können, sie muss auf ihrer eigenen Unabhängigkeit bestehen und doch auch die des Kindes anerkennen – kurz, sie muss die Balance zwischen Selbstbestätigung und Anerkennung in der Beziehung zum Kind halten können." So merkwürdig es klingt, aber die Lösung für dieses Paradoxon der Anerkennung besteht hier in der Aufrechterhaltung einer *permanenten Spannung* – der Spannung zwischen Anerkennung des Anderen und Selbstbehauptung.[172]

Das Kind kann laut Jessica Benjamin zur Anerkennung des Anderen als eigenständiger Person gelangen durch die Empathiefähigkeit, die sich ab dem zweiten Lebensjahr entwickelt: Im spielerischen Kontext des Rollenspiels setzt es sich selbst an die Stelle der Mutter und versteht dadurch die Eigenständigkeit der Mutter, deren zeitweilige Abwendung vom Kind nicht mit Rache beantwortet werden muss, sondern einfach anerkannt werden kann. Das Kind anerkennt in Bezug auf die Mutter gleichzeitig die Differenz wie die Ähnlichkeit der inneren Erfahrung.[173] An dieser Stelle geschieht eine entscheidende Entwicklung: Das Kind, das nun in der Phantasie beide Rollen – die der fortgehenden Person und die jener Person, die verlassen wird – übernehmen kann, beginnt damit, die bisher nur komplementäre Form der Mutter-Kind-Beziehung zu überschreiten.[174] Die Allmachtsphantasien werden durch die Beziehungsform der wechselseitigen Verständigung abgelöst, in der sich Subjekt und Subjekt begegnen. Die Anerkennung erweitert die Beziehungsmöglichkeiten. Diese Erkenntnis berührt sich mit Axel Honneths Definition einer auf Liebe basierenden Beziehung, die er als eine *durch Anerkennung gebrochene Symbiose* beschreibt.

Überlegungen im Anschluss an Jessica Benjamin
Bezieht man Benjamins Erkenntnisse auf das Phänomen der Religion und deren Beitrag zu Anerkennungsleistungen, ergeben sich überraschende Einsichten. Denn in gewisser Weise könnte man die Verweigerung der Anerkennung Anderer, die insbesondere von religiös-fundamentalistischen Gruppen praktiziert und in unreifen Religionsformen verbreitet ist, als ein psychologisches Problem des religiösen Menschen deuten: dass er nicht fähig ist zum intersubjektiven Bezogensein auf den Anderen, also unfähig zur Akzeptanz eines vom Selbst unterschiedenen Anderen. Intersubjektivität beziehe sich, so Benjamin, auf die Fähigkeit, den Anderen als unabhängiges Subjekt anzuerkennen. Und weiter heißt es: „Im gegenseitigen Austausch der Anerkennung wird jedes Subjekt verwandelt; diese Verwandlung ist eine Vorbedingung der Entwicklung der eigenen Fähigkeiten jedes einzelnen Subjekts."[175] Anerkennung verstanden als *Ausbrechen aus dem frühkindlichen Allmachtsgefühl* durch die Platzierung des

Anderen in der äußeren Realität und als In-Beziehung-Sein mit ihm, bildet also den wesentlichen Entwicklungsschritt für das Kind in seiner *psychischen Reifung*. Es bildet die Voraussetzung für echte Beziehungsfähigkeit und auch für die Aufnahme und Gestaltung von auf Wechselseitigkeit basierenden erotischen Beziehungen.

Die Kehrseite wäre die Assimilierung des Anderen an das Selbst, was das Eingeschlossensein im eigenen Selbst im Bewusstsein der Allmacht bedeuten würde. In diesem Zustand ist das Subjekt seinen Phantasien ausgeliefert. Dann gibt es keinen Anderen, der beispielsweise die eigenen Aggressionen halten und verarbeiten könnte.[176] Wie oben beschrieben, ist es die Funktion der Mutter, die Allmachtswünsche des Kindes in einem haltenden Rahmen zu frustrieren und sich als eine von ihm geschiedene Person zu erkennen zu geben. Sie muss die Beziehung als abgegrenztes Subjekt gestalten und darf sich nicht wieder assimilieren lassen. Gelingt dieser Schritt zur Intersubjektivität, kann der Andere vom Subjekt ertragen werden, weil es erfährt, dass der Andere als Gegenüber einen Prozess des wechselseitigen Verstehens initiiert. Scheitert dieser Schritt zur Intersubjektivität, weil der Andere im Außen nicht anerkannt werden kann, müssen die inneren Phantasien den Ersatz für die Interaktion bilden. Bezogen auf die Sexualität käme es dann nicht zur Aufnahme sexueller Beziehungen, sondern zum Ausleben der Sexualität in der Phantasie, beispielsweise durch Konsum von Pornographie oder durch sadistische Phantasien.[177]

Nur wenn dagegen der reale Andere sich als äußeres Gegenüber positioniert und als Beziehungspartner zur Verfügung steht, kann eine reale Trennung zwischen Phantasie und Realität akzeptiert und vollzogen werden.

Wirkliche Bindung wirkt also der Allmachtsphantasie entgegen und nimmt gleichzeitig den Anderen mit hinein in die Phantasie und bereichert diese dort um diese Beziehung. Es genüge, so Jessica Benjamin, einfach anzuerkennen, dass der oder die Andere nicht das Ding ist, vor dem ich mich fürchte, und auch nicht der Gott, den ich anbete. So entstehe ein intersubjektiver Raum auch im Inneren, in dem dann spielerisch mit dem Anderen umgegangen und unter anderem auch sein Verlust vorweggenommen oder bewältigt werden kann. „In diesem intersubjektiven Raum der Phantasie und Verständigung kann das Selbst auch Trost finden für die unausweichliche Enttäuschung, dass man nicht alles sein und nicht alles haben kann."[178]

Bezieht man diese Überlegungen Benjamins zur Unterscheidung zwischen *perverser* Sexualität und *erotischer* Sexualität auf die Religion, ergeben sich diese Schlüsse: Auch Religion kann wie die Sexualität gewissermaßen eine perverse oder eine erotische Ausprägung erfahren. Oder besser gesagt: eine unreife und eine reife Form. In der unreifen Form der Religion bleibt der Mensch gefangen in seiner Allmachtsphantasie und vermeidet die Anerkennung Anderer (anderer Religionen, anderer Wahrheiten) durch die Illusion, Teilhaber der einen und einzigen Wahrheit zu sein. Es ist die Phantasie, verschmolzen zu sein mit Gott und zu partizipieren an seinem Heil, das aber immer im Umkehrschluss den Ausschluss der Anderen (Andersgläubigen, Nichtgläubigen) einschließt. Es wird in gewisser Weise eine Trennung zwischen dem Selbst und den Anderen anerkannt. Aber diese Trennung führt nicht zur Intersubjektivität, sondern zur Abschottung. Insofern spielt sich das Wesentliche in der Phantasie ab, in der man qua göttlicher Erwählung oder qua richtiger Religionszugehörigkeit alles sein und alles haben kann. Der Gottesbezug kann hierbei fungieren wie jene Mutter, die in der frühkindlichen Symbiose nicht den Schritt in die äußere Realität geht und das Kind erfahren lässt, dass sie eine von ihm unterschiedene Person ist. Sie erweist sich nur als verfügbarer Selbstanteil des Kindes. Die Entwicklung zu einem reifen Subjekt, das Beziehungen eingehen kann, wird so verhindert.

Das religiöse Subjekt muss im Falle dieser verhinderten Anerkennung des Anderen in seinem monadischen, beziehungslosen System verharren und kann einzig die Phantasie ausbauen. Möglicherweise sind die apokalyptischen Szenarien von der endzeitlichen Scheidung zwischen Gerechten und Ungerechten oder die Vorstellungen vom gerechten Krieg und der Ausrottung der Fremden und Feinde in der biblischen Überlieferung ein Reflex auf diese Phantasien, in denen man selbst alles sein muss, weil nichts anderes sein darf, weil eine Beziehung zum Anderen verunmöglicht wird. Wenn Gott als die allmächtige Mutter, als ein solch übergroßer Selbstanteil *in* einem Subjekt fungiert, kann auch die Aggressivität nicht nach außen geleitet und in eine Spannungsbeziehung zum Anderen eingepflegt werden. Sondern sie muss nach innen gerichtet werden, in die Phantasie, was möglicherweise zur Ausformung der megalomanen Gewaltszenen Gottes in den apokalyptischen Traditionsbeständen der biblischen Überlieferung führt, die durchaus an sadistische Phantasien erinnern.

Analog zum sexuellen Bereich, in dem der Sadismus und die Pornographie als unreife und beziehungsunfähige Formen der Sexualität verstanden werden und die Erotik als spannungsreiche, intersubjektive Form angesehen wird, kann die *unreife* Form der Religion als regressives Verharren in der frühkindlichen Allmachtsphantasie verstanden werden und die *reife* Form der Religion als eine auf Koexistenz, Dialog und Toleranzfähigkeit aufgebaute Form. Interessanterweise lassen sich auch innerhalb der religiösen Überlieferung der jüdisch-christlichen Tradition beide Formen identifizieren. Während etwa die Erwählung des Volkes Israel durch den Bundesschluss mit dem einzigen Gott begleitet ist von der Vertreibung und Auslöschung anderer Völker (z. B.: 1. Buch Samuel, Kapitel 15), zeugt zum Beispiel die Vorstellung vom endzeitlichen Jerusalem, in das die Völker in ihrer Verschiedenheit gleichberechtigt einziehen, von einem Gottesbild, das verschiedenartige Wege zulässt und damit zu einer Anerkennung Anderer und einer (spannungsgeladenen) Beziehung zu ihnen befähigt.

Entscheidend für die Entwicklung der reifen Religiosität scheint auch zu sein, die eigenen Allmachtsphantasien und den eigenen Narzissmus zu überwinden und sich auszusöhnen mit der Tatsache, nicht alles sein und nicht alles haben zu können. Diese Akzeptanz der *Begrenzung* führt gleichzeitig zur *Begegnung* mit dem abgegrenzten Anderen, durch den man sich auf dem Weg der Beziehung entwickeln und verändern kann. Voraussetzung dafür ist, dass Gott als ein unverfügbar Anderer begriffen wird. Das Heil, so könnte man formulieren, liegt nicht in der (Allmachts-)Phantasie, sondern in der (Realitäts-)Beziehung zum Anderen. Hierbei sind die Grenzen ebenso wichtig wie die Beziehung, das Wissen um das Eigene ebenso wichtig wie die Einsicht in das Angewiesensein auf Andere. Zunächst müssen Gott und Andersgläubige anerkannt werden als Andere, um dann eine Beziehung des wechselseitigen Verstehens aufzubauen. Dies allein rettet aus den engmachenden Allmachtsphantasien und ermöglicht ein Leben-in-Beziehung, das zu den konstitutiven Merkmalen des Menschen gehört.

4. Das Eigene im Anderen und das Andere im Eigenen: *Joachim Küchenhoff*

Auch dem deutsch-schweizer Psychoanalytiker Joachim Küchenhoff kommt es auf die Anerkennung des Anderen als Entwicklungsziel und zentrales Merkmal von Beziehungen und Verständigungsprozessen des Menschen an. Dabei betont auch er, dass die Anerkennung des Anderen und die Anerkennung der eigenen Person zusammengehören. Küchenhoff betont noch einmal die Winnicott'sche Erkenntnis, dass zur Anerkennungsfähigkeit die Erfahrung der Fremdheit gehört: die Wahrnehmung des Getrenntseins von der zentralen Beziehungsfigur der Mutter. Sobald das Kind sich bewusst wird, ein Anderer als die Mutter zu sein, kann es eine tatsächliche Beziehung zwischen zwei Subjekten in Gang setzen. Die Erfahrung der Fremdheit, des Getrenntseins, des Andersseins gehört also grundsätzlich zur Entwicklung von Beziehungsfähigkeit dazu.

Eine derart gereifte Beziehung ist nicht mehr geprägt von dem Grundgefühl der Abhängigkeit, sondern von der Dynamik zwischen Abhängigkeit *und* Autonomie, von Bezogenheit *und* Ungebundenheit, von Nähe *und* Distanz. Der Akt der Anerkennung ist dabei wechselseitig: Die Mutter anerkenne das Kind als ein sich zur Eigenständigkeit hin entwickelndes Wesen und das Kind anerkenne die Mutter als Person, die auch eigene Interessen hat und trotzdem ihre Zuwendung für das Kind nicht aufgibt.[179] Durch diesen Prozess der Trennung und Wiederfindung auf einer höheren Beziehungsebene bilde sich im Kind die Fähigkeit zur Unterscheidung der Mutter als *innerem Bild* und äußerem Gegenüber heraus. Durch diese Differenzerfahrung, die der Andere ermögliche und die ihn als ein Anderer konstituiere, werden laut Küchenhoff vier Entwicklungsschritte ermöglicht: (1.) die Unterscheidung von Innenwelt und Umwelt; (2.) die Symbolisierungsfähigkeit; (3.) die Erkenntnis, dass man ein handlungsfähiges Selbst ist, und (4.) eine Verinnerlichung der Sorge des Anderen als Grundlage dafür, mit sich selbst gut umzugehen.[180]

Küchenhoffs zentrale Erkenntnis lautet also: Das Selbst wird gebildet aus einem Anderen, aus der Erfahrung des Anderen als eines Anderen und seiner Anerkennung als Anderer. Dies eröffnet den Raum der Beziehung und ermöglicht auch einen reifen Umgang mit den eigenen Bedürfnissen, die nicht mehr einseitig von der „Bemutterung" eines Gegenübers abhängig gemacht werden, sondern auch von sich selbst. Erst in einem solchen Beziehungsstatus ist eine kompromissbereitere Suche nach Befriedigung des Begehrens durch einen Anderen möglich – und eine echte Beziehung zwischen Subjekten auf Augenhöhe. Damit entstehe die Möglichkeit für das Subjekt, sich an etwas anderem zu nähren als an sich selbst.[181] Eine psychische Entwicklung, die auch durch die Psychoanalyse angestoßen werden kann, beinhaltet also wesentlich einen anderen Umgang mit dem eigenen Begehren und mit den Beziehungspersonen:

„An die Stelle des Wunsches nach Rückkehr in die – nachträglich aufgebauten – Paradiese, an die Stelle der imperativen Anforderungen an das Objekt, das oder jenes für mich zu sein, tritt mein in sich zurückgebogener, also reflektierter, nicht aufgelöste Wunsch. Für meine Beziehung zum anderen heißt das nicht, dass ich ihn nun interesselos, ohne Egoismus, nur um seiner selbst willen etc. betrachte, aber ich rechne mit den Effekten der Trennung. Ich erkenne seine Unterschiedlichkeit an, und die Anerkennung seiner Subjektivität ist die Anerkennung der Tatsache, dass er mir immer wieder entgleitet, weder in meinen Wünschen noch in meinen Überzeugungen aufgeht."[182]

Insofern bedeuten Beziehungsfähigkeit und psychische Reife, dass man in der Lage ist, zu oszillieren zwischen der Aneignung eines Anderen und seinem Loslassen. Kurz: Psychische Reife bedeutet das Anerkennen der Andersheit und Fremdheit des Anderen bei gleichzeitiger Fähigkeit der Aufnahme und Gestaltung von Beziehungen zu ihm. Psychische Reife bedeutet also, diese immer wieder zu vollziehende Trennung und dieses Loslassen vom Anderen anzuerkennen und die damit verbundene Erfahrung der Fremdheit als Bereicherung anzusehen.[183] Genau darum gehe es laut Küchenhoff in einer auf *Liebe* basierenden Beziehung, die geprägt ist von einer Verbindung mit dem Anderen und seiner gleichzeitigen Freigabe.

Es geht letztlich um die grundlegende Erkenntnis, dass jede Entwicklung Trennung bedeutet und die notwendige Loslösung ein Abschiednehmen ist. „Die psychische Entwicklung wird durch Prozesse der Trennung angestoßen", schreibt Küchenhoff[184] und verweist darauf, dass sich das Subjekt herausbildet aus den verlorenen und verinnerlichten Beziehungsfiguren der Kindheit. Diese Einsicht eröffnet letztlich die Psychoanalyse: dass das Aufgeben der innigen Verbindungen zu Mutter oder Vater oder anderen prägenden Figuren eigentlich keine Verluste sind, sondern jene Bausteine, aus denen sich eine lebens- und liebesfähige Existenz erbaut. „In dieser Logik ist (...) die Einsicht enthalten, dass das Subjekt dem Verlust zwar unhintergehbar ausgesetzt, ihm aber nicht einfach passiv ausgeliefert ist; das Subjekt liefert sich vielmehr dem Leben selbst und damit zugleich dem Anderen aus – das ist seine Möglichkeitsbedingung. Es entwindet sich dem Tod und verliert sich ans Leben", so die Psychoanalytikerin Lilli Gast.[185]

Hier scheint es von unschätzbaren Vorteil zu sein, wenn der Mensch zur Bewältigung dieser Trennungen ein grundlegendes *Vertrauen* in der allerersten Beziehung zu einer „genügend guten Mutter" (Winnicott) erworben hat. Dann kann getrauert werden, ohne dass eine Angst vor totaler Vernichtung entsteht. Dann kann getrauert und weitergegangen werden. Es scheint hilfreich zu sein, die Verluste der Verschmelzungen mit den Bezugspersonen und die notwendigen Trennungen und Abnabelungen mit Trauer zu bewältigen. Denn: „Die Differenzierung von Objekt und Anderem, die Trauerarbeit und das Verzeihen schaffen erst die Voraussetzung dafür, die Realität des Anderen wahr- und aufnehmen zu können."[186]

Küchenhoff beleuchtet diese Überlegungen noch einmal mit den Begriffen der *Grenze* und der *Hülle*. Die Entwicklung der Ich-Identität vollziehe sich – wie beschrieben – durch Trennungen und eine schrittweise Differenzierung von der Bezugsperson: durch die Loslösung aus der Symbiose und die Etablierung einer wechselseitigen Beziehung. Diese wird durch die *Abgrenzung* der Innenwelt von der Außenwelt ermöglicht. Am Ende der psychischen Geburt stünden innere Repräsentationen der Bezugspersonen und ein Empfinden eines eigenen Selbst, das sich in Beziehung zum Anderen als Gegenüber setzen kann. „Grenzziehungen ermöglichen Repräsentation oder die Ausarbeitung und Bebilderung einer Innenwelt. Durch den Prozess der Repräsentation geht kein Objekt verloren, es wird bewahrt. Zugleich aber wird doch eine Trennung eingeführt, verloren geht die Objekt-, aber auch die Subjekt-Unmittelbarkeit."[187]

Um diese neue Qualität der Beziehung zwischen innerer Verbundenheit und äußerer Getrenntheit näher zu beschreiben, verwendet Küchenhoff den Begriff der *Hülle*. Diese psychische Hülle besteht aus den inneren Stellvertretern der Anderen (Repräsentationen), die sich gleichsam um das Subjekt herumlegen und das Selbst in Form einer Art atmender Abgrenzung von äußeren Anderen bilden. „Repräsentationen erzeugen keinen Schnitt, vielmehr wird eine Folie zwischen die Welt und dem Erleben geschoben, die zur Trennwand wird."[188] Durch diese inneren Repräsentationen der Anderen, die auf dem Weg der Verinnerlichung von Beziehungspersonen entstehen, wird einerseits eine *intrapsychische* Struktur aufgebaut und andererseits eine echte *interpersonale* Erfahrung ermöglicht.[189] Dieser Repräsentationsrahmen hilft dem Menschen, die notwendigen Trennungen zu verarbeiten und sich nicht verloren zu fühlen. Denn die verinnerlichten Anderen vertreten die Verlorenen und ermöglichen das Wechselspiel von Autonomie und Abhängigkeit, in dem sich jeder Mensch zeitlebens befindet. Das daraus erwachsende „Wechselspiel von Verbindung und Differenz" macht Küchenhoff zufolge das Wesen der *Liebe* aus: „Liebe ist das

Aushalten, das immer neue innere Aushandeln der paradoxen Gegensätze zwischen Vereinnahmung oder Besetzung des Liebesobjektes und des Bewusstseins der Trennung."[190]

Und so könnte auch die Psychoanalyse zur Etablierung jener *Grenze* beitragen, die notwendigerweise zwischen Ich und Du gezogen werden muss, um ein eigener Mensch zu werden – und gleichzeitig könnte die Psychoanalyse – also die begleitete psychische Reifung zur Beziehungsfähigkeit – an dem Aufbau der psychischen *Hülle* mitarbeiten, die aus inneren Repräsentationen gewebt ist und jenes dauernde Wechselspiel zwischen Eigenständigkeit und Bezogensein ermöglicht, das sich Leben nennt.

5. Lob der Differenz – Grenzen als Schutz und Begegnungsorte: *Martin Teising* und *Bernhard Waldenfels*

In gewisser Weise knüpfen diese Betrachtungen zur *Grenze* und *Hülle* an das frühe Freud'sche Konzept der *Kontaktschranke* an, das der Psychoanalytiker Martin Teising neu fruchtbar gemacht hat. Freud hat in seiner frühen Arbeit „Entwurf einer Psychologie" (1895) eine Vorstellung von der Ich-Instanz entwickelt, die als *Kontaktschranke* fungiert, die Erregungen von innen und außen bearbeitet, bemerkt Teising.[191] Diese psychische Grenze habe eine das Ich stabilisierende und sichernde Funktion und soll Konfusion und Auflösung verhindern und gleichzeitig Kontakt ermöglichen. Diese Kontaktschranke entwickelt sich in drei Stufen: aus der *monadischen* Kontaktschranke in der frühen Mutter-Kind-Beziehung, die noch innerhalb der

Symbiose erste Konturen des Selbst und der Mutter erscheinen lässt, entsteht die *dyadische* Kontaktschranke, mit deren Hilfe eine primitive Differenzierung zwischen guten und schlechten Einflüssen vorgenommen werden kann. Daraus entwickelt sich schließlich die reife Form einer *triadischen* Kontaktschranke, mit der die Unterschiedlichkeit von Selbst und Beziehungsgegenüber anerkannt und sich auf *die Welt* als dritte Größe bezogen werden kann. Damit werde ein dreidimensionaler Denkraum eröffnet, in dem das Handeln durch *das Denken* ersetzt und ein wirksamer Schutz vor einer Affekt-Überflutung gewährt werden könne.[192] Der Umgang mit Einflüssen und Beziehungspersonen muss also als ein dynamisches Geschehen vorgestellt werden, das gleichsam im Übergangsraum zwischen Ich und Welt vonstatten geht – gleichsam an den durchlässigen und filternden Membranen der Beziehungspartner. Die Grenze des Ichs zeichnet sich Freud und Teising zufolge aus durch eine Durchlässigkeit, eine *Permeabilität*, die immer neu und jeweils spezifisch den Übergangsbereich schafft, in dem der Austausch und die wechselseitige Beeinflussung geschehen. Ziel einer psychoanalytischen Behandlung sei es demnach, den triadischen Funktionsmodus der Kontaktschranke zu erreichen, mit dessen Hilfe größtmögliche Autonomie bei gleichzeitiger Bezogenheit zum Anderen möglich werde. Dabei soll der tatsächlich erzeugte Übergangsbereich in der Beziehung zwischen Analytiker und Patient förderlich wirken für den inneren Aufbau einer psychischen Kontaktschranke, mit deren Hilfe Abstand und Bezogenheit zur äußeren Realität hergestellt werden kann.[193]

Diese Überlegungen berühren sich wiederum mit der philosophischen Beschreibung des Menschen durch Bernhard Waldenfels, der das Selbst des Menschen als ein Gebilde von ein- und ausgegrenzten fremden Einflüssen beschreibt: Das Fremde, das dem *Selbst* und seinem *Eigenen* entgegenstehe, gehe aus einem Prozess der *Ein- und Ausgrenzung* hervor. Dabei scheint Waldenfels auch eine Art psychische Kontaktschrankenfunktion im Blick zu haben, wenn er schreibt: „*Den* Fremden gibt es gar nicht; es gibt nur einen *bestimmten* Fremden, der sich für uns als fremd erweist in bezug auf etwas Drittes, das als Maßstab der Fremdheit fungiert."[194] Stets und ständig habe man es – aufgrund des Charakters der Permeabilität der psychischen Kontaktschranke, könnte man hinzudenken – mit einer Verschränkung und Verflechtung von Eigenem und Fremdem zu tun. „Es gibt also keinen Ort, an dem wir vor den Herausforderungen und Bedrohungen des Fremden sicher wären."[195] Das Fremde sei auch das, was Entwicklungen anstoße, weil es zu Antworten zwinge. Die Grenze des Menschen ist nach Waldenfels' Vorstellung nie als eine statische zu denken, sondern als immer neu zu bildende. Denn sie steht im Kontakt mit dem Fremden, also mit *Anderem,* das vertraute Konzepte übersteigt.

Insofern sind Begegnungen mit Fremden näher zu bestimmen als *Einfälle.* „Die Fremderfahrung bedeutet keinen Akt, den wir uns zuschreiben können, sie besteht aus *Ereignissen*, die unseren Intentionen zuvorkommen, sie durchkreuzen, von ihnen abweichen, sie übersteigen. Das Fremde zeigt darin eine *Unausschöpflichkeit*, wie sie uns besonders eindringlich im Bereich von Kunst, Eros oder Religion begegnet."[196] Das Entscheidende geschieht demnach im Vorgang des Antwortens, der *Responsivität,* der sich im Zwischenraum von Ich und dem Fremden ereigne. Hier wird nicht einfach eine – direkt aus dem Eigenen stammende – Antwort auf den Anruf des Fremden geradlinig generiert. Die Antwort wird vielmehr im Zwischenbereich von Ich und Du erst gebildet und geformt. Sie wird – so könnte man im Bild der Kontaktschranke ergänzen – gleichsam aus den Boten- und Empfängerstoffen der beiden sich berührenden Membranen gebildet und ist insofern nie ganz vorhersehbar und vorbestimmbar, sondern stets *kreativ* und neu. Das Ich bestimmt sich laut Waldenfels nicht durch ein Arsenal bereitliegender Antworten, sondern durch den Vorgang des Antwortens als Angerufener: Der Sinn entstehe dabei im Ereignis des Antwortens selbst. Auf diese Weise kämen wirklich neuartige Gedanken in die Welt.

Das Fremde gilt es deshalb nicht nur als etwas Bedrohliches zu betrachten, sondern als eine Chance auf Erweiterung. Das Sinn- und Kreativitätspotential des Lebens wird eben nicht aus einer imaginären Identitätsquelle geschöpft, sondern in den Grenzbegegnungen zwischen Eigenem und Fremdem generiert. Dieser dynamische Austauschprozess scheint zu den menschlichen Existenzbedingungen zu zählen.

All dies scheint mir bedeutsam zu sein für das Thema der Anerkennung. Zum einen erscheint dadurch der Vorgang der Anerkennung nicht nur als ein äußerlicher oder politischer Prozess, in dem klar definierte und abgegrenzte Entitäten einander Anerkennung gewähren oder nicht. Vielmehr weist dieser Vorgang der Anerkennung notwendigerweise eine Innen- und eine Außenseite auf. Denn immer geht es auch darum, *innere Andere* anzuerkennen – im Wesentlichen die internalisierten Eltern, aber auch innere Regungen und Motivationen, die bisweilen dem Ich-Ideal entgegenstehen. Das Fremde – so könnte man schlussfolgern – wohnt nicht nur im Außen, sondern nistet auch im Inneren. Diese psychoanalytische Erkenntnis scheint unhintergehbar. Entscheidend für die Fähigkeit eines sinnvollen und kreativen Umgangs mit dem Fremden ist es demnach einerseits, gut auf- und ausgebaute Grenzen des Eigenen zu entwickeln. Denn erst durch ein vom Außen abgegrenztes Innenleben ist der Mensch zur Freiheit, Unabhängigkeit und Entfaltung seiner Möglichkeiten fähig. Denken, Phantasie und Empathie basieren sowohl auf Grenzziehungen als auch auf „Synapsen". Erst durch relativ klar definierte und anerkannte Grenzen zu den Bezugspersonen und Mitmenschen sind ein echter Kontakt zu ihnen und ein Austausch mit ihnen möglich. Nur so kann der Mensch beispielsweise erkennen, was *eigene* und was *fremde* Wünsche und Gefühle sind und was eigene Potentiale und Bedürftigkeiten sind, die produktiv in eine kooperative Beziehung eingebracht werden können.

Wichtig scheint mir die Erkenntnis zu sein, dass es auf den *Zwischenraum* der Grenzen ankommt. Dass also die Grenzen etwas Wichtiges und Gutes für die Beziehungs- und Entwicklungsfähigkeit sind und gleichzeitig deren permeable Membranen entscheidend sind. Viel scheint dabei auf die Fähigkeit anzukommen, sich im Austausch mit Anderen auf eine dritte Größe beziehen zu können (Triangulierungsfähigkeit). Denn so können Grenzerfahrungen zu Anerkennungs- und Austauschprozessen werden. So kann *Eigenes* bewahrt und gleichzeitig *Fremdes* einbezogen werden. So entsteht nicht die falsche Alternative: Entweder Du oder Ich. Sondern es geht um das Einbringen von Anteilen des Ich und die Aufnahme von Anteilen des Du in einer dabei neu entstehenden Form des *Wir*. Wohlgemerkt ist das etwas, das stets und ständig neu und wieder entsteht und somit nicht mit allgemeingültigen Forderungen nach bestimmten, festgelegten Abgrenzungsformen belegt werden kann. Gleichwohl gibt es im Eigenen des Menschen Unaufgebbares, das erst die Grenzen bildet, die so unerlässlich wichtig sind. Doch an den Rändern jenes Identitätskerns gibt es die ebenso unerlässlichen Kontaktzonen, in denen es zu den vielversprechenden Austauschprozessen mit Fremdem kommt. Es gilt also, *das Eigene* anzuerkennen, insbesondere die eigenen Grenzen, die sich aus spezifischen Koordinaten der psychischen und kulturellen Entwicklung ergeben. Gleichzeitig gilt es, *das Andere* und den Anderen anzuerkennen, ohne die man nämlich gar nicht existieren könnte. Der Andere erbaut zum einen in der psychischen Entwicklung das, was das Selbst genannnt wird – also den psychischen Innenraum des Menschen. Und andererseits tritt der Andere als ein Gegenüber entgegen und fordert Antworten. Auf der Basis einer Kontaktschranke, mit deren Hilfe man Ängste eindämmen kann, wird ein Austausch mit diesem Anderen möglich, der dann wohlgemerkt nicht den inneren Kern des Eigenen berühren und bedrohen kann, sondern nur die Membranen des Ich – dort kann der Andere aber wiederum entscheidend beeinflusst werden.

Bezogen auf die Religion ergeben sich von da aus folgende skizzenhaften Überlegungen. Die Religion erscheint als ein identitätsbildendes Merkmal des Menschen und insofern als Faktor für die Ausbildung des Eigenen, das jene wichtige psychische Abgrenzungsfunktion ermöglicht. Die Religion erscheint allerdings in diesem Blickwinkel nicht als eine statische mentale Größe, die gleichsam als USB-Stick an die Mitglieder einer Familie oder Gesellschaft weitergegeben werden kann. Religion als Identitätsfaktor unterliegt den Prozessen aller Verinnerlichungen. Religion – ebenso wie die innere Mutter oder der innere Vater – ist zunächst auch etwas Fremdes, das in das eigene Innere gleichsam eingewandert ist. Religion ist die von Anderen in uns abgelegte Spur, die in gewisser Weise dem Erkennen entzogen ist, weil sie im Zuge der Prozesse der Entwicklung des Selbst so weit angeeignet wurde, dass Eigenes und Fremdes nicht mehr klar unterscheidbar sind.

Gleichwohl kann die Religion ein positiver Faktor für die Ausbildung einer psychischen Kontaktschranke werden, deren eines Merkmal ja die Abgrenzung des Eigenen darstellt. Die Religion könnte somit jenen Raum mit abstecken, der den Identitätskern bildet und schützt. Im günstigsten Fall stiftet die Religion dabei ein Vertrauenspotential, das den Selbstwert fördert und beziehungsfähig macht. Jedoch sollte die Religion – in ihrer reifen Form – nicht überhöht werden und zur Abschottung und Verkapselung des Menschen führen. Es bedürfte dazu eben auch der Erkenntnis, dass eine gute Grenze eine „atmende" Grenze ist, die auch Anerkennungs- und Austauschprozesse ermöglicht. Der reife religiöse Mensch sollte dazu in der Lage sein, sich in der Begegnung mit anderen Religionen und Kulturen nicht total infrage gestellt zu sehen, sondern gleichsam in seiner Religion einen festen Kern und eine austauschfähige Hülle unterscheiden. Beim Austausch mit anderen Religionen geht es dann eben nicht gleich um das Ganze – der Kern ist nicht bedroht. Die Anerkennung – des Eigenen, des Anderen und des intermediären Bereichs zwischen beidem – ist also wichtig nicht nur für zwischenmenschliche Beziehungen, sondern auch für gesellschaftliche, insbesondere interkulturelle und interreligiöse Beziehungen.

Eine Voraussetzung dafür ist aber etwas, das der Anerkennung der Grenzen implizit ist: dass das Getrenntsein vom Anderen anerkannt ist. Dass also die Illusion einer großen Symbiose überwunden ist und das Getrennt- und Unterschiedensein akzeptiert ist. Dies lehrt die Psychoanalyse, dass psychische Entwicklung und Reife zunächst abhängig sind von einem Vollzug der Trennung von den Bezugspersonen – dass dort, wo erkannt und akzeptiert ist, dass nicht alles eins ist, die psychische Geburt und die Entwicklung einer Beziehungsfähigkeit beginnt. Der Mensch muss aufbrechen aus der Symbiose, das Vertraute verlassen und am neuen Ufer sich selber finden – als ein Anderer. Küchenhoff beschrieb diese psychische Entwicklung einmal als einen „Aufbruch ohne Rückkehr" – als Sich-der-Erfahrung-des-Anderen-Stellen.[197] Betrachtet man diese Wichtigkeit der Abnabelung von der Symbiose mit den Eltern, erscheinen jene religiösen Bestrebungen suspekt, die in einer Symbiose mit Gott aufgehen möchten wie ein Tropfen im Ozean. Diese Sehnsucht – verbunden mit dem Wunsch und der Überzeugung, dass es nur eine einzige Wahrheit gebe, der sich alle beugen, könnte eher eine unreife Religiosität fördern. Denn diese symbiotische Vorstellung ist gerade nicht fähig, den Einzelnen beziehungsfähig mit Andersartigem werden zu lassen. Zu einer reifen Religiosität gehört es, aufzubrechen wie einst der Glaubensvater Abraham aus Ur in Babylonien und ein neues Land zu suchen, das möglicherweise nicht aus einer bloß übernommenen Religiosität mit Totalitätsanspruch besteht, sondern in einem lebendigen Bezug zu eigenen Erfahrungen, Zweifeln und Erkenntnissen sowie zu einem offenen und unverkrampften und befruchtenden Austausch mit Andersdenkenden und Andersgläubigen. Dazu müsste unter Umständen manche Glaubenswahrheit aufgegeben werden, eben weil sie eine falsche, bloß angepasste Identität gestiftet hat und nicht mehr passt zu den Erfahrungen, die die eigene Identität inzwischen geprägt haben.

Dieser Schritt der Trennung von absoluten Wahrheiten und die Erlangung von Differenzfähigkeit im Umgang mit Anderen geht allerdings nicht einfach so vonstatten. Dies benötigt ebenso eine Trauerarbeit wie die Bewältigung der Loslösung von den Bezugspersonen im Prozess des Erwachsenwerdens. Der Psychoanalytiker Ronald Britton schreibt: „Wenn ein Glaube oder eine Überzeugung durch weitere Erfahrungen und neue Erkenntnisse unglaubwürdig werden, müssen sie aufgegeben werden; das erfordert einen Trauerprozess, wenn es sich um eine uns wichtige oder wertvolle Überzeugung handelt."[198] Insofern könnte die Differenzfähigkeit und die Haltung einer Offenheit gegenüber Fremdheit und Andersartigkeit durchaus auch von einem gelungenen Trauerprozess abhängen – zum Beispiel bezüglich der aufgegebenen Idealvorstellung, in die (Mutter-Kind-)Symbiose oder in eine absolute Wahrheit zurückkehren zu können.

In jedem Falle gehören die Fähigkeit zur Abgrenzung und das Aushalten und Fruchtbarmachen von Differenz sowohl zu einer reifen Ich-Struktur als auch zu einer reifen Religiosität, in der *Sinn- und Identitätsstiftung* einerseits und *Beziehungs- und Differenzfähigkeit* andererseits möglich sind. Dazu wird man nur befähigt, wenn sowohl eine Kritik – im Sinne der Unterscheidung und bezogenen Abgrenzung – der elterlichen Bezugspersonen wie auch der angeeigneten Religion geschehen ist. Es muss eine Scheidung von den Symbiose- und Idealitätsillusionen vorgenommen worden sein, um sich selbst als ein eigenständiges Wesen in Beziehung definieren zu können, das wiederum Anderes auszuhalten und als Beziehungsgegenüber anzuerkennen vermag. In beiden Fällen geht es darum, entweder in der *Krankheit der Idealität* (Janine Chasseguet-Smirgel) gefangen zu bleiben – also in der Illusion einer dauerhaften Verschmelzung mit der Mutter – oder aber zu einer reifen Ich- und Beziehungsstruktur zu finden, die ein *Leben-in-Beziehung* sowie ein Leben in der Welt der Widersprüche erst möglich macht.

6. Sein oder Idealsein – Zur Anerkennung eigener Begrenztheit: *Janine Chasseguet-Smirgel*

Es geht also wesentlich um die Anerkennung jener *conditio humana*, die darin besteht, dass wir nicht als ein *Ideal* existieren, nicht als allmächtige Wesen, die in ungeschiedener Weise mit allen Mächten und Kräften verbunden sind. Sondern dass der Mensch Mensch ist, das heißt einer, der notwendigerweise in Grenzen und Begrenzungen lebt – getrennt, aber trotzdem verbunden ist mit den Bezugspersonen, die als „Ich-Ideal" und „Über-Ich" in gewisser Weise innerlich fortleben, aber eben unterschieden sind vom eigenen „Ich". Darauf machte die Psychoanalytikerin Janine Chasseguet-Smirgel aufmerksam. Nach ihrer Anschauung gilt es einerseits, das „Über-Ich" zu akzeptieren und damit anzuerkennen, nur ein begrenzter Mensch zu sein. Und andererseits eine relativierende Distanz zum „Ich-Ideal" zu finden, das als innerer Stellvertreter der Erfahrung des anfänglichen Einsseins mit der

Mutter erkannt und damit in seiner *Unerreichbarkeit* anerkannt wird. Gelingt dies nicht – etwa dadurch, dass der Mensch sein „Über-Ich" negiert und sein „Ich" durch das „Ich-Ideal" ersetzt –, drohen psychische Störungen, Perversionen und andere Illusionsbildungen, mit denen der Mensch auf narzisstisch-illusionäre Weise versucht, jene Zeit des *ozeanischen Gefühls* vor der Entmischung von der Mutter herbeizuführen. Diese Bestrebungen – äußern sie sich nun in narzisstischen Pathologien, Perversionen, Drogensucht, Ideologien oder aber einer unreifen Religiosität – bezeichnet Chasseguet-Smirgel als die *Krankheit der Idealität*, bei der mit nicht-psychotischen Mitteln versucht werde, die schmerzliche Grenze zu beseitigen, die die *Realität* dem Wunsch des Menschen nach unendlicher Expansion gesetzt hat.[199]

Eigentlich sei laut Chasseguet-Smirgel die psychische Entwicklung dazu da, die schrittweise Differenzierung von den Bezugspersonen und den uranfänglichen Allmachtsphantasien zu bewältigen und kraft einer ausgebildeten Ich-Struktur – also eines innerlich geschiedenen „Über-Ichs" und „Ich-Ideals" – zu einer erwachsenen Beziehungsfähigkeit zu gelangen. Diese vermag den Anderen als Anderen anzuerkennen und widersteht dem Wunsch, ihn für eigene Allmachts- und Expansionsbestrebungen einzuverleiben. Kraft einer reifen Ich-Struktur und einer gelungenen psychosexuellen Entwicklung kann Chasseguet-Smirgel zufolge jene Beziehungsfähigkeit der *Zärtlichkeit* erreicht werden, die sie so beschreibt:

„Mir scheint die Zärtlichkeit unauflöslich verbunden zu sein mit der Milde, d. h. mit einer Möglichkeit, die Mängel und Unvollkommenheiten des Partners zu ertragen, also ein weniger anspruchsvolles und absolutes Ichideal zu haben. (...) Das Ich-Ideal wird zum Teil auf den *Zugang zur Realität* selbst projiziert. Auf intellektueller Ebene wird die Wahrheit der Illusion vorgezogen, die Wissenschaft dem Aberglauben. Im emotionalen Bereich wird der Partner in seiner Endlichkeit und Verletzlichkeit geliebt und nicht wegen einer imaginären Vollkommenheit (...)."[200]

Es sei auch die unreife Religion – die Chasseguet-Smirgel etwas missverständlich unter dem Begriff der Mystik subsumiert –, die den Menschen in die Illusion führe, also sein „Ich" mit seinem „Ich-Ideal" verschmelzen lässt und jenen glückseligen Zustand vorgaukelt, der einst in der Fusion mit der Mutter herrschte. Die *Ideologie* sei das trügerische Versprechen einer Begegnung zwischen „Ich" und Ideal und die *Mystik* – als ideologisierte Religion – entspreche dem Bedürfnis nach Vereinigung von „Ich" und Ideal auf dem kürzesten Weg: „Sie bildet eine Fusion im Primärobjekt, und selbst wenn dieses bewusst durch Gott repräsentiert wird, bleibt es im Grunde dennoch ein Äquivalent der Mutter aus der Zeit vor der Entmischung."[201]

Unter diese als Illusion und *Krankheit der Idealität* zu verstehende Religion fasst Chasseguet-Smirgel auch jene sogenannten christozentrischen Strömungen im Christentum, denen es auf eine umfängliche Identifikation mit Jesus ankommt. Hier werde die Figur des Vater-Gottes aufgelöst zugunsten einer Verschmelzung mit dem Gottessohn Jesus. Diese absolute Herrschaft des Sohnes impliziere in latenter Form die Vereinigung mit der Mutter, also jene illusorische Rückkehr in den Zustand der primären Fusion, die so negative Folgen für die Selbststruktur und die Beziehungsfähigkeit hat.²⁰² In fundamentalistischen Gruppen komme problemverschärfend noch hinzu, dass es eine sogenannte *Gruppenregression* gibt, bei der ein gemeinsamer Narzissmus entwickelt werde, der scharf von Anderen trennt und zumeist eigene Ich-Funktionen an das Gruppenoberhaupt abtritt.²⁰³ Diese Gruppen böten einen kurzen Weg für die Vereinigung von „Ich" und Ideal an, indem man sich gemeinsam wie in einer Traumwelt bewege, die die Phantasie der narzisstischen Himmelfahrt verbunden mit der Rückkehr zur primären Verschmelzung enthalte. Das Oberhaupt solcher Gruppen sei dann kein Repräsentant des Vaters, sondern ein Analogon der Mutter des Perversen:

„Genau wie diese ihren kleinen unreifen Jungen zum Glauben verleitet, er brauche weder größer noch reifer zu werden, um den Platz seines Vaters einzunehmen, und ihm zugleich abnimmt, sich dem Konflikt und der Kastration zu stellen, so wiegt das Oberhaupt die Masse in der Illusion eines möglichen Zugangs zum absoluten Glück, einer wiedergefundenen Fülle, der Illusion vom ‚totalen Menschen‘, wo alle Bedürfnisse befriedigt werden, wo die ‚harmonische Welt‘ vorherrschen wird, wo die erfüllte Menschlichkeit nicht mehr träumen wird."²⁰⁴

Verbunden mit diesem Zustand der Illusion ist eine mehr oder weniger starke Auflösung der Realitätsprüfung von seiten dessen, der das „Ich-Ideal" für den Einzelnen in der Gruppe vertritt: der Gruppe als Ganzes oder ihr Oberhaupt.²⁰⁵

Von einer reifen Religion, die die psychische Entwicklung des Menschen und seine Beziehungsfähigkeit stärkt, müsste man verlangen, dass sie *nicht* als Ersatz fungiert für die illusionäre Rückkehr in die anfängliche Fusion mit der Mutter. Und das bedeutet im Umkehrschluss, dass sie dem Menschen dabei hilft, sein „Ich" vom „Ich-Ideal" und vom „Über-Ich" zu unterscheiden und in ein relativierendes Verhältnis zu diesen inneren Instanzen zu gelangen – damit es nicht erdrückt werde vom „Ich-Ideal" oder vom „Über-Ich". Das heißt, Religion müsste den Menschen dazu befähigen, die notwendige Spannung zwischen „Ich" und dem Ideal oder den Idealen zu erkennen und auszuhalten. Der Mensch müsste durch die Anerkennung des *Anderen in sich* und durch die Möglichkeit einer Vermittlung zwischen dem *Anderen in sich* und dem eigenen „Ich" befähigt werden auch zu einer gelingenden Beziehung zum *Anderen in der äußeren Realität*. Und das heißt: Befähigung zur Akzeptanz der Unterschiede und Verzicht auf die symbiotisierenden Bestrebungen, den Anderen mit in die Illusion unendlichen Einsseins hineinzuziehen und dessen Eigenständigkeit und Unterschiedlichkeit zu nivellieren.

Auch hier geht es meines Erachtens um die Etablierung und Akzeptanz von Grenzen, bei der die Religion behilflich sein könnte. Sei es durch die Etablierung eines moderaten „Über-Ich" in Gestalt moralischer Vorschriften oder sei es etwa in jener Denkfigur der Vergebung, dass auch die Brüche und Widersprüchlichkeiten in die Existenz integriert werden können und die Spannung zwischen „Ich" und Ideal anerkennbar und lebbar gemacht wird.

Erscheint allerdings die Religion nicht als *Krankheit der Idealität*, also nicht als eine Art ideologischer Kurzschluss, der den Menschen zur Illusion der anfänglichen Fusion mit der Mutter verführt, kann sie durchaus den Menschen zu jener notwendigen Anerkennung des Anderen verhelfen, ohne die eine reife Selbststruktur und Differenz- und Beziehungsfähigkeit nicht möglich ist. Joachim Küchenhoff beschreibt diese reife und positive Form der Religion als *Gesprächsfähigkeit*:

„Weil der Beginn jeden Gesprächs die Bereitschaft voraussetzt, die unendliche Aufgabe anzugehen, die bereits beschriebenen konstitutiven Differenzen zu sehen, die nicht willkürlich, sondern notwendig sind, und zugleich eine Brücke zu bauen, angesichts der Differenz, die die Differenz nicht abschafft, aber immer wieder überspannt. Der Glaube ist dann ein ambivalentes Gebilde, Überbrückung einer Differenz, ohne sie aufzulösen, prekäre Hoffnung im Wissen um die nicht zu beseitigende Heterogenität, Verbindung in Ansehung der Differenz, Achtung der Differenz im Angesicht der Bindung."[206]

Der Glaube könnte demzufolge beschrieben werden als das Vertrauen in die konstruktive, verändernde Kraft der Andersheit und Negativität.[207]

Insofern müsste eine reife Religiosität, die in dieser Weise gesprächs- und differenzbefähigend wirkt, im Grunde genommen auf positiv gefüllte Gottesvorstellungen verzichten und den Gläubigen das Bild von *Gott als eines Anderen* vermitteln – ein Gott, der immer auch anders ist als der Mensch. Ein Gott, der den Menschen übersteigt und damit einen Horizont des Suchens, Fragens, Hoffens eröffnet, kurz: einen Weg, auf dem man nicht bereits erlöst und quasigöttlich ist, sondern auf dem man sich mit Anderen suchend und auf sie bezogen bewegt.

Religion könnte in dieser Sichtweise auch wesentlich dazu beitragen, mit jener den Menschen grundsätzlich bestimmenden Situation umzugehen, die in der unbewusst immer als Rückkehrsehnsucht virulenten Erfahrung der Ur-Einheit mit der Mutter begründet liegt.[208] Die Religion verhilft dieser im Unbewussten des Menschen eingeschlossenen Erfahrung der primären Fusion zu einer symbolischen Repräsentation und Versprachlichung und bekräftigt gleichzeitig die *Unmöglichkeit* einer Re-Identifikation mit diesem Zustand ozeanischen Einsseins, indem Gott als der stets Andere in einer Sphäre der *Unverfügbarkeit* gehalten wird. Gott bleibt dann gleichsam auch jene Leerstelle, in der alles Unnennbare, Ungreifbare aufgehoben ist. Das hält jenen grundsätzlichen Vorgang im Bewusstsein, dass die Sprache niemals alle Tiefenschichten menschlichen Daseins, die in den vorsymbolischen Erfahrungscodierungen ruhen, erfassen und ausdrücken kann. Für diesen Bereich gilt, was ebenso für die Rede von Gott gilt: dass ein sprachlicher Zugriff unmöglich ist, „da bei jeder Benennung auch Unbenanntes ausgeschlossen wird"[209].

Küchenhoff erkennt nun in der Religion wie in der Psychoanalyse eine Möglichkeit, diese sprachlich unzugängliche primäre Erfahrungswelt, diese ausgeschlossene Erfahrung, in einem Gespräch zu umkreisen und zu beglaubigen und damit Grenzen ebenso zu relativieren wie zu legitimieren. Denn es gelänge dem Menschen qua seiner *conditio humana* nicht, sich sprechend der Ursprünge der Sprache ganz zu versichern. Immer bleibe ein Rest, der ausgeschieden, verworfen ist, ein nicht repräsentierbarer Rest, der nach Übersetzung verlange.[210] Statt diese menschliche Sehnsucht, auf den eigenen Ursprung bezogen zu bleiben, durch das kurzschlüssige Eintauchen in Ideologien oder fundamentalistische Glaubensmuster oder auch Drogen nur scheinbar zu befriedigen, braucht es eine reflektierte und damit beständig integrierende Form des Umgangs mit jenem nichtrepräsentierbaren Anderen in sich selbst, in dem man einst war und der stets ein Teil von einem bleiben wird. Es bedarf laut Küchenhoff bei dieser notwendigen und unabschließbaren Übersetzung dieses nicht repräsentierbaren Restes eines Verständnisses der *Differenz* und der *Spur* statt einer Vorstellung von *Erfüllung* und von *Identität*.

Insofern seien Religion und Psychoanalyse darin verwandt, ein Gespräch zu führen über *das Andere der Vernunft*, über das Verworfene, das Verdrängte. Und gleichzeitig umkreisen beide jene den Menschen immer wieder angehenden Grenzen: die Unverfügbarkeit der Herkunft und die Nichtrepräsentierbarkeit des Endes. Entscheidend sei dabei nicht, ob die Religion und Psychoanalyse diese Fragen beantworten können, sondern dass sie offengehalten oder überhaupt eröffnet würden.[211]

Es geht also um einen Kontakt zum Anderen in sich selbst, dessen Spur in uns abgelegt ist; dessen gänzliche Rückgewinnung wohl stets ersehnt, aber nie erlangt werden kann. Eine – wie auch immer übersetzte – Bezogenheit zu dieser *Spur des Anderen* in uns gelingt wohl am ehesten über ein Gespräch mit Anderen: etwa im tatsächlichen Gespräch einer mit Übertragung und Gegenübertragung arbeitenden Psychoanalyse oder im *mentalen Gespräch* der Religiosität – bei einer inneren Beziehung zu Gott als des immer Andersseienden. Diese Anerkennung des *Anderen in mir* kann beitragen zur Fähigkeit, den *Anderen um mich* anzuerkennen.

7. Die Anerkennung einer „letzten Realität" als Zähmung der Angst: *Wilfred R. Bion*

Diese eben beschriebene Sichtweise berührt sich eng mit den Überlegungen des Psychoanalytikers Wilfred R. Bion (1897–1979) in seiner Theorie „Faith in O". Darin geht er davon aus, dass es im Menschen eine „absolute Wahrheit" oder „letzte Realität" oder ein „Ding-an-sich" gebe, die er mit dem Siglum „O" bezeichnet. Diese Dimension sei unerkennbar, sei „Dunkel und Formlosigkeit".[212] Laut Bion müsse sich der Psychoanalytiker während der Analyse auf diese Dimension „O" im Patienten konzentrieren, um einen Raum für das Unbewusste zu schaffen, in dem wiederum Unbewusstes in Bewusstsein transformiert werden könne.[213] Mit „O" wird jene unkennbare letzte Realität im Individuum bezeichnet, die als „unveräußerliches Element" angesehen werden müsse, als „Teil der Gottheit selbst, die im Individuum beherbergt ist". Laut Bion strebe der Mensch einerseits danach, sich mit diesem Gott, von dem er sich bewusst getrennt fühlt, erneut zu vereinen.[214] Es fällt nicht schwer, diese Vorstellung mit jener beschriebenen *Spur des Anderen* im Menschen zu verbinden – die Spur einer ursprünglichen Fusion mit einem Anderen, aus der das Selbst erwachsen ist und die beispielsweise als „Ich-Ideal" oder Narzissmussehnsucht eine Wirkung entfalten kann. Andererseits kann diese letzte, unnennbare, unbewusste Realität „O" aber auch assoziiert sein mit einer „namenlosen Angst", einer Angst vor der Rückkehr zu einem ursprünglichen Chaos, insbesondere in den Fällen, in denen die Mutter keine ausreichende Versorgungsfunktion übernommen hat.[215]

Diese tiefsitzende „namenlose Angst" kann wiederum so lange nicht beruhigt werden, bis sie als gründend in der unzureichenden Schutzfunktion der frühen Mutter verstanden und in eine *benennbare und bewältigbare Furcht* (vor dem Tod) umgewandelt werden könne. Bion schreibt zur Entstehung dieser „namenlosen Angst": „Wenn die Projektion von der Mutter nicht akzeptiert wird, dann fühlt das Kind, dass sein Gefühl der Todesnot aller ihm innewohnenden Bedeutung entkleidet ist. Es reintrojiziert deshalb nicht eine Furcht zu sterben, die erträglich wurde, sondern eine ‚namenlose Angst'."[216] Das Nichtbegriffene werde dadurch zum Unbegreiflichen.

Ronald Britton fügt den Gedanken hinzu, dass diese „namenlose Angst" aus allen Situationen entstehen könne, in denen die Mutter nicht oder nicht richtig auf Projektionen undefinierbarer Zustände des Säuglings antworten konnte und diese an sich gleichsam abprallen ließ. Damit werde die Erfahrung des Säuglings ausgelöscht und das Nichtbegriffene in dieser Situation in etwas Unbegreifliches verwandelt.[217]

Auch aus diesen Erfahrungen kann man auf die Religion schließen, wenn man sie als Repräsentationsversuch der ursprünglichen *Spur des Anderen* im Selbst versteht. Wenn diese Spur schmerzbehaftet ist, wird es schwer, ein gutartiges Religionsverständnis zu entwickeln mit einem Gottesbild, das Geborgenheit und Selbstvertrauen stiftet. Vielmehr dürften dann jene apokalyptischen Szenarien und Vernichtungsängste eine dominierende Rolle spielen, aus denen die (christlich-jüdische) religiöse Tradition auch besteht. Aber immerhin: Auch dies könnte den Prozess einer Umwandlung der namenlosen Angst in benennbare Furcht befördern: wenn nämlich dadurch das Unbebilderbare und Unbenennbare einen Rahmen und Interpretationsansatz bekommt.

In Bions Theorie soll der Psychoanalytiker die Funktion übernehmen, die *namenlose Angst* zu *containen*, das heißt: zu verdauen und sie benannt und verstehbar an den Patienten zurückzugeben. Wesentlich sei dabei der „mentale Rahmen", den der Analytiker stiftet und in dem unbenannte Elemente aus der Zeit und Welt der präverbalen Erfahrung aufgenommen, gedacht und benannt werden können, um schließlich als Gedanken, als Denkbares versprachlicht wieder zur Verfügung gestellt zu werden. Diese Containment-Funktion der Transformation von unverstandenen Elementen in verstandene Elemente ist eine Art nachgeholte Mutterfunktion. Den Containment-Rahmen einer Psychoanalyse hat Bion einmal als Zur-Verfügung-Stellung einer „psychischen Haut" beschrieben und dabei zwei Funktionen unterschieden: zum einen die Erzeugung eines Gefühls, sich in einem *sicher umgrenzten Raum* zu befinden, und zum Zweiten die Vermittlung einer *Bedeutung*.[218]

Wichtig für eine gutartige Religion wie für den analytischen Prozess scheint hierbei zu sein, dem Menschen einen Raum der Bezogenheit – einen triangulären Raum – zur Verfügung zu stellen, in dem es dem Menschen möglich wird, eine Position jenseits von Selbst und Beziehungsgegenüber einzunehmen, also sich selbst nicht nur als Teilnehmer, sondern auch als Beobachter von Beziehungserfahrungen zu verstehen und somit Druck und Abhängigkeiten aufzulösen.[219] In jedem Fall könnte die Psychoanalyse oder die Religion als eine solche dritte Position fungieren, indem sie Unbenennbarem einen Rahmen gibt und es mittels Deutungen oder Symbolen zu benennen und zu integrieren versucht.

8. Mutter Staat? Zur Anwendung des Konzepts der Fürsorglichkeit (concern) auf soziale Zusammenhänge: *Reinhold Bianchi*

Vollzieht man den Erkenntnisschritt der oben beschriebenen psychoanalytischen Autoren mit, so ist es nicht mehr möglich, streng zwischen den psychischen und den sozialen Strukturen zu trennen, da der Einzelne von Anbeginn an durchwoben ist von der sozialen Dimension – von Beziehungen, Interaktionen, Identifizierungen, Internalisierungen. Deshalb ist Adornos Diktum zuzustimmen, dass die Trennung von Gesellschaft und Psyche falsches Bewusstsein sei.[220]

Insofern lag es nahe, dass Psychoanalytiker wie beispielsweise Reinhold Bianchi sich bemühten, die Erkenntnisse über die sozialen Bedürfnisse und Bedingungen des werdenden Individuums zu übertragen auf gesellschaftliche Zusammenhänge. Die Hypothese lautet: Wenn das Individuum derart elementar und total angewiesen ist in seiner Entwicklung und Existenz auf die Anerkennung Anderer, auf ein Verhältnis der *Reziprozität,* muss diesem grundlegenden Bedürfnis auch über den engen familiären Kontext hinaus Bedeutung zugemessen werden und in den organisierten Formen gesellschaftlichen Zusammenlebens verortet werden. „Im Licht der Erkenntnisse der Relationalen Psychoanalyse führt eine grundlegende Linie von der Notwendigkeit einer guten frühen intersubjektiven Erfahrungswelt des Kindes für dessen persönliche Entwicklung zur Notwendigkeit einer Gestaltung sozioökonomischer Großstrukturen", schreibt Bianchi. So müsse einer ausreichend guten Fürsorge durch die Mutter im

Säuglingsalter eine „relativ benigne basale Sozialbindungsmatrix" entsprechen, die sich etwa in den psychosozial stabilisierenden Formen des Sozialstaates in Nord- und Westeuropa manifestiere.[221]

Um diesen Überstieg von der individualpsychologischen Ebene zur sozialpsychologischen theoretisch zu vollziehen, hat Reinhold Bianchi das Winnicott'sche Konzept der mütterlichen Besorgnis (*concern*) auf die Ebene sozialstruktureller Regelungen übertragen. In der Anerkennungstheorie Axel Honneths würde dies in etwa dem Schritt von den familiären Anerkennungsverhältnissen der Liebe zu den Anerkennungsverhältnissen des Rechts und der Solidarität entsprechen.

Nur kurz sei an dieser Stelle darauf hingewiesen, dass sich Honneth dabei der sozialpsychologischen Theorie George Herbert Meads (1863–1931) bedient, die im Menschen zwei Instanzen unterscheidet: eine gesellschaftlich vermittelte Selbstreflexivität (das „Me") und das unreglementierte subjektive Handeln als eigene Person (das „I"). Aus dieser Verschränkung der subjektiven mit der intersubjektiven Ebene im Individuum ergibt sich diese Erkenntnis: „Ein Bewusstsein seiner selbst kann ein Subjekt nur in dem Maße erwerben, wie es sein eigenes Handeln aus der symbolisch repräsentierten Perspektive einer zweiten Person wahrnehmen lernt." Und das bedeute wiederum, dass ohne die Interaktionserfahrung mit einem auf ihn reagierenden Anderen die Entwicklung eines Selbstbewusstseins und einer subjektiven Identität nicht möglich wäre.[222] Damit betont Mead noch einmal, wie elementar angewiesen der Mensch auf die intersubjektiv erfahrene Anerkennung ist und wie stark sich die sozialen Beziehungsfiguren im Subjekt eingewoben finden. In einem Folgeschritt entwickele sich später aus dieser intersubjektiven Verfasstheit des Menschen die Fähigkeit zur *Solidarität*. Denn „in dem Maße, in dem der Heranwachsende seine Interaktionspartner auf dem Weg der Verinnerlichung ihrer normativen Einstellungen anerkennt, kann er sich selbst als Mitglied ihres sozialen Kooperationszusammenhanges anerkannt wissen" – aus Anerkennung erwachse also Selbstachtung und eine (rechtliche, moralische, verantwortliche) Anerkennung gegenüber den Anderen des Kooperationszusammenhangs. Dieses Verhältnis wechselseitiger Anerkennung äußert sich in der funktionalen Arbeitsteilung einer Gesellschaft, die auch als *Solidarität* bezeichnet werden könne. Diese dritte Stufe des Anerkennungsverhältnisses beinhaltet in gewisser Weise die zwei vorangegangenen Anerkennungsformen der *Liebe* und des *Rechts*, da die Solidarität sowohl den Aspekt der emotionalen Bindung und Fürsorge aus dem familiären Bereich aufweise wie auch den rechtlichen Aspekt der universellen Gleichbehandlung.[223]

Auch Bianchi wählt als Leitbegriff den der Solidarität, und zwar in folgendem Sinn: „Solidarität zielt auf die Herstellung einer gesellschaftlich wie psychisch heilsamen Ganzheit, indem sie die vielfältigen Prozesse der Ausgrenzung umkehrt in Prozesse der Einbindung in Beziehungen."[224]

Die Fähigkeit des *concern* (Besorgnis) bedeutet bei Winnicott „den Umstand, dass das Individuum sich um etwas *bekümmert* oder dass ihm etwas ‚etwas ausmacht', dass es Verantwortung fühlt und übernimmt"[225]. Diese Fähigkeit zur Besorgnis setze allerdings voraus, dass der Mensch als Säugling selbst erfahren hat, dass sich um ihn gesorgt wird, dass er jemanden etwas bedeutet hat, dass er physisch und psychisch versorgt wurde. Dieses Versorgtsein wird im Wesentlichen gewährleistet durch eine fortwährend anwesende *hinreichend gute Mutter*: „dass die Mutter durch ihre Identifikation mit dem Säugling weiß, wie der Säugling sich fühlt, und daher fähig ist, fast genau das zu liefern, was der Säugling in Bezug auf Gehaltenwerden und auf die Herstellung einer Umwelt ganz allgemein braucht."[226] Entscheidend kommt es dabei darauf an, dass die Mutter in der Lage ist, die ständig lauernde *unvorstellbare Angst* vom Kind fernzuhalten durch ein Erfühlen der Bedürfnisse und ein adäquates Reagieren darauf. Es geht darum, den Bedürfnissen des Kindes im richtigen Augenblick gerecht zu werden. Die Mutter müsse daher – kraft ihrer intuitiven Identifizierung mit dem Kind – vor allem eine kontinuierlich und zuverlässig haltende und versorgende Umwelt gewährleisten und sich stufenweise an die wachsenden Bedürfnisse des Kindes anpassen. „Man könnte hier, auf die Gefahr hin, sentimental zu klingen, das Wort ‚Liebe' verwenden."[227]

Es liegt nahe, dass dieses Konzept von der haltenden mütterlichen Umwelt und der hinreichend guten Mutter eine Fülle von Ratgeberliteratur produziert hat. Stellvertretend und ergänzend sei hingewiesen auf eine aktuelle Beschreibung dieser intuitiven Mutterfunktion des *concern* in dem Buch „Eltern wollen Nähe": „Mütter, die überzeugt waren, ihren Kindern gutzutun, schufen wunderbare Rahmen für die Reifwerdung ihrer Kinder: Rahmen, in denen sie sich geborgen und willkommen fühlten, in einer Atmosphäre von Schutz, Beachtung und Umgrenzung."[228]

Reinhold Bianchi wendet diesen Vorgang an auf den gesellschaftlichen Zusammenhang des Sozialstaates und nennt ihn „basale Sozialbindungsmatrix". Er postuliert, dass der Mensch zeitlebens darauf angewiesen ist, dass er konstruktive und kooperative Beziehungen zu seiner Umwelt brauche – sei es in Schule, Beruf, Familie, Freundeskreis oder religiösen und politischen Bindungen. Dieses Beziehungsgeflecht werde entscheidend von den makrostrukturellen sozioökonomischen und politischen Verhältnissen geprägt und bilde eine basale Sozialbindungsstruktur: „In einer benignen Gestalt ermöglicht diese in stummer Wirksamkeit eine konstruktive Entwicklung und Stabilisierung kohärenter Persönlichkeits- und Identitätsstrukturen. Sie vermittelt Kontinuitäts- und Sicherheitsgefühl (...)."[229]

Wirken diese sozioökonomischen und politischen Verhältnisse allerdings destabilisierend, etwa in Form von Massenarbeitslosigkeit oder sozialer Diskriminierung, drohen Selbstunwertgefühle, Depression, Aggression. Der Mensch, der immer nur als *Person in Beziehung* gedacht werden könne, sei eben fundamental angewiesen auf grundsätzlich bestätigende und fördernde soziale Strukturen, so Bianchi. Vor diesem Hintergrund versucht er, eine noch präzisere Definition von Solidarität als Form der Anerkennung:

„Solidarität zeigt sich im mikro- wie im makrostrukturellen Fall als Beziehung zwischen Ungleichen, die aber als wertgleich erlebt und behandelt werden – auf der Grundlage der Anerkennung der Gleichheit allen menschlichen Lebens. Als Menschen erkennen wir uns in allen Befindlichkeiten an: Wir waren einmal Kinder und werden einmal alt, wir sind vielleicht gesund, aber können krank werden und Hilfe brauchen, wir haben einen Arbeitsplatz, aber können arbeitslos werden usw."[230]

Die Fähigkeit zu dieser Solidarität wurzelt also in der frühkindlichen Erfahrung der Solidarität und der Entwicklung von Beziehungen in „affektiver Reziprozität" – diese wiederum befähigen den Menschen später zu Empathie und Verantwortung in den sozialen Bezügen. Bedenklich und bedrohlich werde es, wenn die Mutter ihrem Kind keine haltende und versorgende Struktur zur Verfügung stelle. Dann wird nämlich das Kind nicht nur seiner *unvorstellbaren Angst* (Winnicott) ausgeliefert, die darin besteht, ohne die Stütz- und Stellvertreter-Funktion der Mutter ins Nichts zu stürzen. Auch kann das Kind dann keine Beziehungsfähigkeit, Empathie und Verantwortung entwickeln, da es keine gelingenden Intersubjektivitätserfahrungen gemacht hat. Ebenso zeitigt es fatale Folgen für das Individuum, wenn es später einer sogenannten malignen Sozialbindungsmatrix ausgeliefert ist, was nach Ansicht von Bianchi durch die Etablierung und Radikalisierung neoliberal-kapitalistischen Wirtschaftens geschehe. Denn die damit entstehende *Entbettung der Ökonomie* aus dem Gesamt der sozialen Strukturen – greifbar etwa im Flexibilisierungszwang und in der Entwurzelung durch Arbeitsbedingungen oder in Selbstwertbeschädigungen durch Arbeitslosigkeit – führe zu psychischen und sozialen Spaltungen und Ausgrenzungen, die ähnlich traumatisierend und beschädigend wirken wie eine nicht ausreichende Versorgung durch die Mutter in der frühen Kindheit.[231] Dagegen bedürfe es eines Festhaltens oder Rückgewinnens einer Sozialbindungsmatrix, in der sich alle Gesellschaftsmitglieder als grundsätzlich gleich verletzbar und angewiesen auf Solidarität definieren und diese – unabhängig von Status, Macht und Geldbesitz – empfangen und einander gewähren. Bianchi schlägt dafür im

Anschluss an R.J. Lifton den Begriff der *Gattungsmentalität* vor, der der *Ausgrenzungsmentalität* des Neoliberalismus entgegengesetzt werden müsse. Dieser Begriff bedeutet, „dass wir uns als Angehörige der gleichen Gattung wahrnehmen, respektieren und in den Bereich unserer inneren und realen Fürsorge einbeziehen (...)"[232].

Es geht also darum, die Wirtschaft wieder so in die Sozialbindungsmatrix einzubetten, dass sie für den Einzelnen und bestimmte Gruppen nicht mehr ausgrenzend, spaltend, beschädigend und bedrohend wirkt, sondern fördernd, haltend und dienend. Auch hierfür scheint es eine makro- und eine mikrostrukturelle Ebene zu geben: Einerseits müssten *globale* Veränderungen und politische Schritte angestrebt werden. Denn: „Nur wenn die entbetteten und entfesselten Finanzmärkte entmachtet und in eine gesamtgesellschaftliche solidarische Selbstverwaltungwirtschaft zurückgeführt werden, wird die Menschheit aufatmen und ihre eigene, menschlichen Bedürfnissen und Rhythmen entsprechende neue Struktur entwickeln und erproben können."[233] Andererseits könnten auch kleine *lokale* Formen des solidarischen Lebens und Wirtschaftens aufgebaut und erprobt werden, die wiederum die psychische Entwicklung von Selbst- und Beziehungsbewusstsein der Subjekte bewirken könnten.[234]

Es spricht einiges dafür, die *entbettete Ökonomie* des neoliberalen Kapitalismus als eine maligne Form der Sozialbindungsmatrix anzusehen, zu deren Analyse man durchaus auch zwei klinische Pathologien aus dem individualpsychologischen Bereich heranziehen könnte: die narzisstische Störung und die Suchterkrankung. Beides findet der Psychoanalytiker Hans-Joachim Maaz in der gegenwärtigen Form der kapitalistischen Wirtschaft wieder. In den Symptomen der Gier und des unbegrenzten Wachstumszwangs erkennt er den Charakter einer nicht mehr zu kontrollierenden Süchtigkeit, mit der offenbar ein narzisstischer Mangel an Liebe und Anerkennung ausgeglichen werden soll. Er sieht eine Linie zwischen dem Mangel an primärer narzisstischer Befriedigung in der frühen Mutter-Kind-Beziehung und einer späteren sekundär-narzisstischen Überkompensation durch unendliches Streben nach Geld und Geltung. „Vor allem das äußere Erfolgreich-sein-Müssen aus innerem Bestätigungsmangel führt zu einer Wachstumsideologie mit Suchtcharakter. Notwendige Begrenzung wird dann wie ein Entzug erlebt."[235]

Ein Hauptproblem der *entbetteten Ökonomie* sieht Maaz in der Umkehrung des ursprünglichen Sinns der Wirtschaft: Nicht sind mehr die Waren für die Menschen da, sondern der Mensch soll für die Waren da sein. „Der Wert der Waren beruht nicht mehr auf ihrem Gebrauchswert, sondern auf ihrem Marktwert: Gut ist, was sich verkaufen lässt."[236] Aus der Entfremdung und dem psychosozialen Mangel ergäben sich jene als suchtkrank zu bezeichnenden Bestrebungen nach immer mehr Geld, Leistung und Wachstum – verbunden beispielsweise mit Arbeits-, Erfolgs- und Leistungssucht oder mit der Kehrseite, wenn diese Suchtmittel wegfallen: Depression und Selbstzerstörung. Maaz empfiehlt dagegen den Aufbau einer neuen Beziehungskultur, in der die Bedeutung guter Elternschaft angemessen gewürdigt wird und somit die Grundlage für Anerkennung und die Gestaltung lebendiger Beziehungen ermöglicht wird.[237] Auch den Begriff „therapeutische Kultur" verwendet er dafür und meint damit eine Kultur,

„in der die psycho-sozialen Grundwerte respektiert, geschützt und gefördert werden: Liebe statt Kampf, Verstehen statt Ausgrenzen, Gemeinschaft statt Herrschaft, Entwicklung statt Zerstörung, Rhythmus statt Leistung, Beziehung statt Sucht."[238]

Ähnliches hatte bereits Erich Fromm in seinem 1976 erstmals erschienenen Buch „Haben oder Sein" vorgedacht, in dem er als Ausweg aus einer krankmachenden Wirtschafts- und Gesellschaftsform das Zurückdrängen der Orientierung am Haben zugunsten der am Sein aufzeigte. Der „neue Mensch" in einer solcherart „neuen Gesellschaft" sollte demnach die Bereitschaft aufweisen, „alle Formen des Habens aufzugeben, um ganz zu *sein;* Freude aus dem Geben und Teilen, nicht aus dem Horten und der Ausbeutung anderer zu schöpfen; sich eins zu fühlen mit allem Lebendigen und daher das Ziel aufzugeben, die Natur zu erobern, zu unterwerfen (...)."[239] Schritte auf dem Weg zu einer wieder eingebetteten, sozialdienlichen Wirtschaft, die das *Sein* und nicht das *Haben* des Menschen fördert, sind u. a. ein gesunder und vernünftiger Konsum; eine Einschränkung des Rechts der Aktionäre und Konzernleitungen, über ihre Produkte ausschließlich vom Standpunkt des Profits und Wachstums aus zu entscheiden; aktive Mitbestimmung im politischen Leben; Garantie eines jährlichen Mindesteinkommens; atomare Abrüstung und Trennung von Grundlagenforschung und industrieller und militärischer Nutzung. Als Fazit formuliert Fromm: „Die neue Gesellschaft und der neue Mensch werden nur Wirklichkeit werden, wenn die alten Motivationen – Profit und Macht – durch neue ersetzt werden: Sein, Teilen, Verstehen."[240]

*Überlegungen im Anschluss
an die psychoanalytische Sozialpsychologie*

In diesen Versuchen, elementare psychische Bedürfnisse auf sozialer Ebene zu verwirklichen, kann selbstverständlich der Religion eine wichtige Rolle zukommen. Denn sie bildet als institutionalisierte Form religiöser Bindung ein Scharnier zwischen Individuum und Gesellschaft und übt im Konzert mit anderen öffentlichen Institutionen Einfluss auf die Wertebildung, die politische Meinungsbildung und die karitative Sozialfürsorge aus. Bianchi betont beispielsweise, dass es in der Situation der malignen Sozialbindungsmatrix des Neoliberalismus der Instanz eines objektiven Dritten bedürfte, der die Not der Opfer dieses Wirtschaftssystems wahrnimmt, das Opfer-Sein öffentlich anerkennt und eine Veränderung der Situation fordert. Bianchi macht das deutlich an dem Vorgang, dass in der neoliberalen Rhetorik und Ideologie der arbeitslos gewordene Mensch schuldig gesprochen wird oder Sozialhilfe-Empfänger unter den Generalverdacht des Sozialmissbrauchs gestellt werden.[241]

Die Religion – etwa in unserem Kontext die Kirchen – könnten dieses so geartete Einheitsdenken (*pensee unique*) durchbrechen, indem sie als Zeugen und Anwälte an die Seite der Opfer und Armgemachten tritt und für sie Partei ergreift und sie reintegriert in eine Gemeinschaft, um die Spaltung der Gesellschaft – punktuell und symbolisch – zu überwinden und dazu beizutragen, den Opfern ihre Würde wiederzugeben: Wesentlich durch die Zerstörung des neoliberalen Mythos, die Opfer seien selbst schuld an ihrer Misere. „Nur die Anerkennung der Wahrheit kann ihnen Heilung bringen und sie ermächtigen, wieder aktiv Mensch, Subjekt in Beziehung zu werden. So würde die Kirche Anwalt der Traumatisierten."[242]

Darüber hinaus kann auch in konkreten karitativen Angeboten jene Anerkennung gewährt werden, unter deren Ausschluss die Betroffenen leiden. Es könnten alternative Gemeinschaftsformen gefördert werden, in denen beispielsweise Formen gerechter Beziehungen – des Teilens und des Füreinander-Einstehens – zur Anwendung kommen, wie etwa Kommunitäten oder Selbstversorgergemeinschaften. Auch könnte sich die Religion als soziale Bewegung verstehen, die an der Seite von Gewerkschaften und anderen sozialen Bewegungen für die Erlangung einer benignen Sozialbindungsmatrix kämpft, kurz: für die Etablierung von Anerkennungsverhältnissen, die keine Gesellschaftsmitglieder ausschließen. Die Kirche könnte in der Rolle eines Global Players agieren und ihre institutionelle Macht ausspielen, beispielsweise indem sie auf spekulative Geldvermehrung verzichtet und Geschäftsverbindungen zu den größten Geschäftsbanken und den Investmentfonds abbricht und die Kirchenmitglieder auffordert, das Gleiche zu tun, und sich am fairen Handel und anderen Formen „postkapitalistischer solidarischer Sozialwirtschaft" beteiligt.[243] Dafür lassen sich zumindest in der jüdisch-christlichen Tradition auch theologische Begründungen finden, worauf Bianchi et al. aufmerksam machen: „Die Erde gehört Gott und darum Gottes Gaben allen Menschen. Gott ist gekennzeichnet durch gerechte Beziehungen, durch Solidarität (Liebe). Eine Kirche, die sich auf die Bibel beruft und sich nach dem Namen Christi nennt, kann deshalb gar nicht anders, als korporativ verbindlich Nein zu sagen zum globalen neoliberalen Kapitalismus. Denn dieser – so sagen alle bisherigen ökumenischen Dokumente – verabsolutiert systemisch die Akkumulation des Reichtums für die wenigen auf der Basis des Tauschwerteigentums. Dies ist theologisch als *Götzendienst* zu bezeichnen."[244] Insbesondere aus der Botschaft der prophetischen Tradition der Bibel und der von Jesus von Nazareth lassen sich Visionen von einer anderen, gerechteren, solidarischeren Welt generieren und der Glaube und die Hoffnung, dass eine andere Welt möglich ist.

IV. Anerkennung aus theologischer Sicht

Auch wenn die Religion in diesen Tagen eher wahrgenommen wird unter dem Blickwinkel ihrer Unfähigkeit zur Anerkennung Anderer, weil die fundamentalistisch-religiösen Stimmen so laut und die religiös-extremistischen Terrortaten so monströs sind, soll im folgenden Kapitel trotzdem auch auf die positiven Beiträge der Religion für eine Kultur der Anerkennung fokussiert werden. Denn nicht nur gehört sie nach wie vor für eine beträchtliche Anzahl von Menschen zur persönlichen Identität und erfüllt Sinn- und Orientierungsfunktionen. Auch kann davon ausgegangen werden, dass insbesondere die monotheistischen Religionen nicht nur für Ab- und Ausgrenzung gesorgt haben, sondern auch für die Universalisierung von Anerkennungsleistungen – über Kultur- und Ländergrenzen hinweg. „Ihr Monotheismus sprengte alle natürlichen Grenzen sozialer Zugehörigkeit und stattete die menschliche Subjektivität mit einer Transzendierungskraft aus, die sie langfristig über alle eingrenzenden Institutionalisierungen hinaus zur einzigen Bestimmungsgröße von Identität machte. (…) Der religiöse Universalismus transzendierte sich in die säkulare Allgemeinheit der Menschheitsqualität, mit der sich die Lebensform der Zivilgesellschaft kulturell begründet", schreibt der Kulturwissenschaftler Jörn Rüsen.[245] In der Religion, so Rüsen weiter, mischen sich traditionell Universalismus und Exklusivität. Und immer dann, wenn ihr Universalismus inklusiv würde – also praktisch angewandt werde auf Andere – könne die Religion einen wirksamen Beitrag für eine Kultur der Anerkennung leisten. Dabei müsse es nicht darum gehen, dass die Religion ihre spezifische Partikularität zugunsten einer allgemeinen Universalität aufgäbe, also ihr jeweils Heiliges in Moral auflöse. In einem Reflexionsprozess müssten die Angehörigen einer Religion nur begreifen, dass ihre je eigene positive Religion, ihre Partikularität, die mit einem Universalisierungsbezug ausgestattet ist, nicht die Auflösung/Unterwerfung der Anderen bedeuten muss, sondern die Anerkennung der Anderen als ihrerseits ebenso partikulare Ausformungen eines universalistischen Gottes möglich mache.

Die Religion müsse dafür ein Bewusstsein für ihre historische Entwicklung erlangen und erkennen, dass der innere Universalismus die je eigene Partikularität selber transzendiere und somit ein Pluralismus der Partikularitäten vorstellbar wird. Denn Anerkennung ist ein wechselseitiger Vorgang und ohne die positive Anerkennung der je anderen Partikularität wäre auch keine Anerkennung der eigenen Partikularität möglich. Dies sei, so Rüsen, auch der Sinn von Lessings Ringparabel: „dass die drei abrahamitischen Religionen einen Universalismus von Lebensregeln teilen, demgegenüber ihre historischen Unterschiede nicht ins Gewicht fallen"[246].

Unter diesem Aspekt, dass die Anerkennung des Eigenen eine Voraussetzung auch für die Anerkennung des Anderen bildet, seien im Folgenden verschiedene Ansätze vorgestellt, die die Frage der Anerkennung für die Religion durchbuchstabieren und jeweils ihren positiven Beitrag für eine Kultur der Anerkennung herausarbeiten.

1. Anerkennung als Ort religiöser Erfahrung: *Tobias Braune-Krickau*

Eine umfangreiche anerkennungstheoretische Studie zur Religion in der Moderne hat der Marburger Theologe Tobias Braune-Krickau vorgelegt. Darin geht er von der Erkenntnis zahlreicher Gegenwartstheologen aus, dass sich nicht nur die Entwicklung der Selbstständigkeit des Subjekts durch wechselseitige Anerkennung vollziehe, sondern dass auch das Verhältnis von Gott und Mensch nur als ein Verhältnis wechselseitiger Anerkennung beschrieben werden könne. Dieser Gedanke impliziert, dass Gott nicht länger als ein substantielles Subjekt vorgestellt werden könne. Die spekulative Vorstellung eines absoluten Substanz-Gottes sei aufgrund der Grenzen der menschlichen Vernunft nicht mehr zu halten. Ein solcher Gott wäre überdies letztlich ein der Beziehung zum Menschen enthobener Gott, denn der Mensch kann sich mit seinen relativen Mitteln nicht auf dieses in-sich-ruhende Absolute beziehen.

Was bleibt, ist die „Auflösung" Gottes in die Beziehungen der Menschen hinein, die durch dieses Göttliche zu Beziehungen des wechselseitigen Anerkennens würden, zu Beziehungen der Liebe.[247] Gott verwirklicht sich demzufolge in gelingenden Anerkennungsverhältnissen. Besonders wirkmächtig für diese Anschauung sei der zentrale christliche Topos des in Christus am Karfreitag „gekreuzigten Gottes": „Insofern sei es dem ‚Anfang des Christentums' durchaus immanent, den Gott der Allmacht aufzulösen zugunsten eines neuen Gottesbegriffs, der einzig als ‚Geist der Gemeinde' im Vollzug gelingender Anerkennung präsent sei", schreibt Braune-Krickau in Paraphrasierung des Theologen

Falk Wagner (1939–1998).[248] Die Anerkennung des einzelnen Gläubigen durch Gott befähige ihn folglich zur Selbsttranszendenz, zur Öffnung seiner Egozentrik für die Anerkennung des Anderen. Diese so gewonnene Freiheit zum Selbstsein-in-Beziehung unterscheide sich durchaus von einem materialistischen Freiheitsbegriff: Es gehe nicht um die Freiheit der direkten Selbstdurchsetzung, sondern um die Freiheit einer vermittelten Selbstbestimmung, also um eine Freiheit aus und aufgrund von Anerkennung, die wiederum die Freiheit der anderen einschließe, so Falk Wagner.[249]

Daraus ableiten ließe sich eine christliche Ethik der Nächstenliebe, die auf symmetrisch-egalitäre Anerkennungsbeziehungen ziele und ihre Kraft aus der Hoffnung schöpfe, dass einmal – am Tag der göttlichen Vollendung der Welt – die Anerkennung aller Menschen vollgültig realisiert sein werde. Entscheidend ist die Erkenntnis Falk Wagners, dass die Vorstellung Gottes aus der spekulativen Sphäre theologischer Dogmatik zu befreien sei und zurückgebunden werden müsse an die lebensweltliche Erfahrungswelt der Menschen: an die sozialen Verhältnisse wechselseitiger Anerkennung.

Gleichwohl – so eine andere Stimme moderner Theologie – gelte es, den Anerkennungsüberschuss der Religion über gelingende soziale Anerkennungsverhältnisse hinaus zu betonen. Der Theologe Henning Luther (1947–1991) möchte den Begriff der Selbsttranszendenz noch weiter gefasst verstanden wissen als bloß bezogen auf die Fähigkeit zur Aufnahme und Gestaltung sozialer Beziehungen. Die religiöse Dimension der Subjektivität bestehe demnach darin, nicht aufzugehen in den sozialen Verhältnissen wechselseitiger Anerkennung. Es gehe dabei um das Bewusstsein, dass das, was ist, nicht alles sei und die vorfindliche Wirklichkeit nicht absolut erscheine, sondern von einem (göttlichen) Letzthorizont her relativiert und offen gehalten wird, so der Ansatz Henning Luthers.[250] Gerade an den Brüchen in der Biografie und Gesellschaft, in denen der Einzelne Erfahrungen von Leiden und gescheiterter Anerkennung machen muss, käme demzufolge die Religion ins Spiel. Denn sie „weiß" mehr als das, was der Fall ist. Sie kann Anerkennung noch einmal anders generieren, als es die institutionalisierten Anerkennungsformen tun – sei es durch den Glauben als durchtragendes Anerkennungsverhältnis, sei es durch die (Um-)Deutung eines Schicksals im Licht religiösen Trostes oder sei es durch die ganz praktische Erfahrung religiös motivierter Hilfe, die dem Einzelnen an den Bruchstellen des Lebens und der Gesellschaft Anerkennung verschafft. Religion könne so „die Kraft zur Überwindung von Grenzen im sozial-kommunikativen Bereich sowie zur erweiternden Bearbeitung von Grenzerfahrungen im existenziellen Lebensverständnis" sein.[251]

Auf der anderen Seite gewinne – so Henning Luther – Religion auch in der Moderne Relevanz für die Identitätsbildung des Subjekts, und zwar in der Funktion, dass sie jenen Rest der Identität des Einzelnen anerkenne, der über die Anerkennung durch Andere hinausgehe. Insofern die Identitätsbildung und Individuierung an die soziale Anerkennung durch andere verwiesen sei, könnten Identitätsbildung und Individuierung nie zur Deckung kommen. „Die in den Augen anderer gespiegelte Identität stellt prinzipiell eine Reduktion der Potentialität von Individualität (im Sinne der Einmaligkeit und Unverwechselbarkeit) dar."[252] Religion artikuliere demnach für das fragmentarische Subjekt jenes Ganze seiner Gestalt, das zeige, wie es gemeint sei, und handele bei Bedarf als „Anwältin der radikalen Individualität", um die Ansprüche des Einzelnen gegen den Konformitätsdruck der Gesellschaft zu verteidigen. Braune-Krickau fasst die Position Henning Luthers noch einmal so zusammen: „Noch die gelungenste Form von Anerkennung durch Andere lässt für ihn einen Rest an nicht realisierter Identität zurück, wie auch das Subjekt sich selbst im letzten immer unverfügbar bleibt."[253]

Im Blick auf die sogenannten Risse und Brüche im Leben des Einzelnen und in der Gesellschaft, im Blick auf die Erfahrungen von Leiden, bei denen materialistische oder gesellschaftliche Anerkennungsverhältnisse und Bewältigungsmöglichkeiten an ihre Grenzen kommen, entsteht das religiöse Potential auch für die Gegenwart. Denn der Bezug zu Gott, der in der christlichen Tradition als ein „mitfühlender Gott" vorgestellt ist, ermöglicht die Transzendierung jeder Lebenssituation, insbesondere die des Leidens.

Es war vor allem auch die Theologin Dorothee Sölle (1929–2003), die diese nachmetaphysische Vorstellung Gottes als eine Beziehungskraft, mit der das Leiden transzendiert werden kann, vertreten hat. Sie prägte dafür die Vorstellung einer mystischen Transformation der Realität, durch die man „aus dem passiven Überwältigtwerden zu einer freiwilligen Anteilhabe am Leiden der Erniedrigten und Beleidigten" komme. Diese Annahme erkenne in dem, was andere „Fatum" nennen, den mitleidenden Gott, nennt ihn „Liebe" und wird so zum mithandelnden Subjekt, statt bloßes Objekt der Macht des Schicksals zu bleiben.[254] Weil das religiöse Subjekt dem Leiden nicht das letzte Wort überlässt und es nicht als Ort des Verlorenseins und der Gottferne qualifiziert, wird eine Partizipation am Leiden anderer möglich – ein „mystischer Trotz", der darauf besteht, dass nichts verloren geht.[255] Insofern vermag Sölle die Religion im nachmetaphysischen Zeitalter als eine Kraft der Bejahung und Sinnsuche zu definieren, mit deren Hilfe der Mensch seine Ohnmacht und Begrenzung überwinden könne. „Religion ist der Versuch, keinen Nihilismus zu dulden und eine unendliche (endlich nicht widerlegbare) Bejahung des Lebens zu leben." Das Wort „Gott" bedeutet dann nicht mehr eine in einer zweiten Welt beheimatete Übermacht, sondern jene Kraft und Vorstellung, die für die noch nicht erreichte Ganzheit unserer Welt und unseres Lebens stehe.[256]

Einen weiteren Gedanken zur Relevanz der Religion in der Generierung von Anerkennung steuerte der Theologe Karl Rahner (1904–1984) mit seiner Bestimmung der Liebe als vertrauender Öffnung zum geheimnishaften Ganzen der Wirklichkeit bei. In der Gestaltung einer liebenden Beziehung zum Anderen anerkennt man nicht nur seine Bedeutung als Beziehungsgegenüber, sondern anerkennt auch seine letztliche Geheimnishaftigkeit, die in seiner Unverfügbarkeit und Andersheit gründet. „Mithin würde diese Liebe ein Geöffnetsein für das Geheimnis bedeuten, das der Andere für sich und an sich ist. So begegnet die Liebe am Geheimnis, das der Andere ist, auch dem Geheimnis der Welt im Ganzen, das das Christentum Gott nennt."[257] Wenn Rahner auf diese Weise die Liebe definiert als eine Selbsttranszendierung auf ein letztendliches Geheimnis hin, das sich im Anderen und in der Welt konstituiert, dann verbindet er die Nächstenliebe mit der Gottesliebe und qualifiziert die liebende Hinwendung zum Anderen als einen religiösen Vorgang, der sich als eine Antwort auf eigene Anerkennung vollzieht. Die ursprüngliche Bezogenheit auf Gott, so Rahner, sei in der weltlichen Erfahrung der „Du-Kommunikation", in der *Liebe* gegeben.[258] Die weltliche Liebe weise demnach eine „transzendentale Tiefenstruktur" (Braune-Krickau) auf.

Wenn die Nächstenliebe derartig auf die Gottesliebe hin geöffnet ist und sich das Göttliche gleichsam in den liebenden Anerkennungsverhältnissen vollzieht, sei die äußerliche Frage nach der Religionszugehörigkeit und dem dogmatischen Bekenntnis zweitrangig – dann genügt eine Öffnung für die mystische Dimension, die in der Nächstenliebe wohnt.[259] Insofern seien jene Situationen des Leidens, des Liebens, des Helfens und Hoffens, in denen es um die Behauptung des Anerkanntseins (Geliebtseins) und des praktischen Vollzugs wechselseitiger Anerkennung (Liebe) trotz des Wegfalls weltlicher Anerkennungsvollzüge geht, eigentümlich religionsaffin und offen für religiöses Sinndeutungspotential. Deshalb komme auch der Diakonie, also der karitativen Sozialarbeit der Kirchen, eine Bedeutung zu als eines Ortes für – implizite oder explizite – religiöse Erfahrung in der Moderne. Denn:

„Die Soziale Arbeit und mit ihr die Diakonie kommen im Interesse der Individuen da zum Einsatz, wo die Netze sozialer Anerkennung porös werden und darin liegt ihre eindrückliche Erfahrungsdichte: Was latent unser Leben trägt, wird hier fraglich und dadurch explizit und setzt in der Begegnung mit dem Anderen ein selbsttranszendentes Potential frei. Man tritt, um mit Henning Luther zu sprechen, mit dem Anderen an die ‚Risse unserer Lebenswelt' und damit an einen Ort, der in besonderer Weise religionsproduktiv ist."[260]

2. Die Religion als Anerkennungsverhältnis und Sinnressource der Gesellschaft: *Markus Knapp*

In der christlichen Theologie, insbesondere in ihrer protestantischen Färbung, gibt es eine interessante Denkfigur, die gleichsam eine transzendente Anerkennungstheorie darstellt: das Gerechtfertigtsein durch Gott allein aus Gnaden. Es gründet in der Theologie des Apostels Paulus, der das spezifisch Christliche im Unterschied zu den jüdischen Wurzeln als ein *Anerkannt- und Angenommensein des Gläubigen durch Gott* definiert – allein aufgrund der Gnade Gottes, ohne Berücksichtigung eigenen Handelns. Die zentrale Bibelstelle findet sich im Brief des Paulus an die Römer, Kapitel 3:

„Ich rede aber von der Gerechtigkeit vor Gott, die da kommt durch den Glauben an Jesus Christus zu allen, die glauben. Denn es ist kein Unterschied: Sie sind allesamt Sünder und ermangeln des Ruhms, den sie bei Gott haben sollten, und werden ohne Verdienst gerecht aus seiner Gnade durch die Erlösung, die durch Christus Jesus geschehen ist."

Martin Luthers Wiederentdeckung dieser Lehre von der Rechtfertigung allein aus der Gnade Gottes war vor 500 Jahren der sogenannte reformatorische Durchbruch und begründete ein Menschenbild, das in dem *unbedingten* Vorgang der Anerkennung durch Gott wurzelt. „Und eben dieses unbedingt von Gott Anerkannt- und Bejahtsein ist das Heil des Menschen, seine Rettung und Erlösung. Denn diese unbedingte Anerkennung begründet eine unverbrüchliche Gemeinschaft des Menschen mit Gott, die selbst durch den Tod nicht aufgehoben wird", so der Bochumer Theologe Markus Knapp.[261] Das bedeutet auch, dass das ganze Leben eines Gläubigen getragen ist von „der zuvorkommenden Zuwendung Gottes" und seine Handlungen als *Antwort* auf diese Anerkennung zu verstehen sind. Es ist – analog zur primären Mutterbeziehung – die Vorstellung einer allem Eigenen zuvorkommenden Erfahrung der Liebe, die – in diesem Fall – den Christen zum Christen macht und ihn befähigt zu eigenen liebenden Beziehungen wechselseitiger Anerkennung. So kann der Glauben wesentlich als Anerkennungsverhältnis verstanden werden: Der Gläubige lebt aus dem Anerkanntsein durch Gott und wird dadurch befreit aus Angst und Selbstbezogenheit und fähig zur liebenden Anerkennung Anderer.

In gewisser Weise ist dies die religiöse Ausformung der sozialphilosophischen Beschreibung des Anerkennungsverhältnisses der *Liebe* durch Axel Honneth: Zur Liebe, also zur wechselseitigen Anerkennung, werde der Einzelne nur fähig, wenn er selbst Liebe, das heißt eine unbedingte Anerkennung und Zuwendung erfahren und dadurch ein grundlegendes Vertrauen in sich selbst erworben habe. „In jeder Liebeserfahrung bleibt dabei die wenn auch unbewusste Rückerinnerung an ursprüngliche symbiotische Einheitserlebnisse mit der Mutter oder mit einer anderen entscheidenden Bezugsperson lebendig."[262] Diese begründen ein Vertrauen in die fortwährende Existenz einer zuverlässigen Mutter, das zur Ausbildung eines eigenständigen Ichs nötig ist. Die Fusionserlebnisse des Säuglings seien Honneth zufolge zu verstehen als tiefsitzende Chiffren einer Geborgenheit, die für immer hinter uns liegt und doch fortwährend alles Streben nach jenen gebrochenen Formen von wechselseitiger Anerkennung zwischen erwachsenen Subjekten begründet.[263] In diesem Zusammenhang kommt Markus Knapp zufolge die Religion ins Spiel, da sie für den Erwachsenen gewissermaßen als Stellvertreterin jener urmütterlichen Geborgenheit fungiere, als institutionalisierte Quelle der Vergewisserung des Urvertrauens (Erikson), das es für ein gesundes und beziehungsfähiges Leben brauche. In Abgrenzung von Erikson und unter Bezugnahme auf den Theologen Wolfhart Pannenberg qualifiziert Markus Knapp allerdings dieses Grundvertrauen als ein nicht nur psychologisches Phänomen, sondern als ein religiöses. Denn nur Gott könne die unbedingte Verlässlichkeit der Liebe gewährleisten, die das Grundvertrauen voraussetze, also jenes Vertrauen in eine Instanz, die ohne Einschränkung fähig und bereit sei zur Bergung und Förderung des Selbstseins. Dies übersteige die Fähigkeit und Bereitschaft der Mutter, weshalb sich auch schon der Säugling in seiner illusorischen Annahme, die Mutter könne diese uneingeschränkte und grenzenlose Zuwendung leisten, als religiös vertrauend in Gott erweise.[264]

Etwas offener möchte Markus Knapp die Bestimmung des Grundvertrauens als religiöses Phänomen verstanden wissen, indem er betont, dass die Bedeutung des Grundvertrauens für den Menschen auf dessen Offenheit für das Thema der Religion schließen lasse. Denn der Glaube antworte auf die tief im Menschen verankerte Erfahrung und Sehnsucht nach vorbehaltloser Liebe und Geborgenheit. „Indem der Mensch sich der liebenden Zuwendung Gottes öffnet und sie sich geschenkt sein lässt, erfährt er sich von Gott anerkannt, nicht weil er bestimmte Qualitäten oder Leistungen vorzuweisen hat, sondern weil er von Gott als er selbst, als dieses einzigartige Individuum gewollt ist."²⁶⁵ Im Idealfall soll dieses religiös generierte grundlegende Anerkennungsverhältnis auch die Selbstanerkennung/die Selbstannahme befördern. Entscheidend sei, dass diese grundlegende Anerkennung nicht an irgendwie geartete Bedingungen geknüpft ist, dass der Mensch sich diese Anerkennung nicht verdienen muss durch bestimmte Eigenschaften oder Verhaltensweisen, sondern dass diese uneingeschränkte Anerkennung als „unverhoffte Gabe" gewährt werde, aus Gnade.²⁶⁶

In der enormen Bedeutung eines solchen grundlegenden Anerkennungsverhältnisses sowohl für das Leben des Einzelnen als auch für das Zusammenleben in der Gesellschaft ist sich die Theologie mit der Psychoanalyse und der Sozialphilosophie einig: Grundlegende Erfahrungen von Anerkennung – seien sie nun postuliert als Gottesgabe oder als primäre Mutterfunktion – begründen alle weiteren Anerkennungsverhältnisse, insbesondere alle Bestrebungen zur Schaffung von Verhältnissen wechselseitiger Anerkennung, die letztlich ein angstfreies Leben in Freiheit, Gerechtigkeit und Solidarität ermöglichen. Der Religion – verstanden als ein Anerkennungsverhältnis – könne dabei die Funktion zukommen, das Grundvertrauen des Menschen in sich selbst und in die Wirklichkeit zu stärken, den Menschen zu befähigen, seine eigenen Grenzen zu akzeptieren, und ihn schließlich dazu zu bewegen – in dieser „gehaltenen Freiheit" –, auch anderen Menschen Anerkennung zu verschaffen.

Ein Unterschied zu den „weltlichen" Begründungen von Anerkennungsverhältnissen besteht allerdings darin, dass die Religion auf eine Verankerung des Menschen in einem sinnhaften Letzthorizont, der sich im Falle des christlichen

Glaubens in der Geschichte Jesu Christi manifestiert, nicht verzichten kann. Dieses inhaltlich mit Jesus Christus gefüllte „Wort Gottes" gilt in der christlichen Religion als die Bestätigung der Zusage Gottes, dass er denjenigen bedingungslos bejaht, der sich zu ihm bekennt:

„Durch dieses Wort Gottes, das Jesus Christus als Person selbst ist (vgl. Johannesevangelium 1,14), wird dem Menschen eine wirklich unbedingte Anerkennung zuteil, auf die er in seinem ganzen Leben wie dann auch im Sterben unbedingt vertrauen kann: ‚Weder Tod noch Leben, weder Engel noch Mächte, weder Gegenwärtiges noch Zukünftiges, weder Gewalten der Höhe oder Tiefe noch irgendeine andere Kreatur können uns scheiden von der Liebe Gottes, die in Christus Jesus ist' (Römerbrief 8,38 f.). Im Vertrauen auf dieses Wort Gottes wird das frühkindliche Versprechen einer unbedingten Geborgenheit und Anerkennung somit tatsächlich eingelöst; das in Jesus Christus Fleisch gewordene Wort Gottes vermag diesem Versprechen wirklich gerecht zu werden."[267]

Das Einzigartige an dieser religiösen Konstruktion der subjektiven Anerkennung besteht darin, dass auch der Tod einbezogen ist – und zwar nicht als Auflösung und Auslöschung aller Anerkennungsverhältnisse, sondern als deren umfassende Erfüllung. „Ohne die Erwartung eines zukünftigen todüberwindenden Handelns Gottes, auf das der Mensch glaubend-hoffend zugehen darf, lässt sich daher die Möglichkeit einer wirklich unbedingten Anerkennung nicht konsistent denken."[268] Daraus ergibt sich auch die Fähigkeit, sich mit Erfahrungen nur fragmentarisch gelingender Anerkennungsverhältnisse zu versöhnen, denn eine wirklich umfassende Erfüllung der unbedingten Anerkennung wird von der Vollendung am Ende der Zeit erwartet.

Gleichzeitig bedeutet dies auch, dass das frühkindlich eingestiftete Verlangen nach unbedingter Anerkennung nicht von anderen Menschen erwartet und verlangt werden muss, denn diese können dem nur unvollkommen entsprechen. Diese Sehnsucht kann auf Gott gerichtet werden und so eine größere Freiheit für den Menschen ermöglichen. „Die Theologie trägt dem Rechnung, insofern sie den letztgültigen Sinn im Modus der Zusage und der Verheißung gegeben sieht."[269] Auch motiviert die religiöse Begründung der Anerkennung zu einer Fürsorge- und Hingabebereitschaft, die über das Maß des „Do-ut-des" („Ich gebe, damit du gibst") hinausgeht und auch zu asymmetrischen Anerkennungsbeziehungen der Solidarität mit Schwächeren befähigt. Denn die Liebe Gottes gilt es, gegenüber allen seinen Geschöpfen zu bezeugen.[270]

Außerdem wohnt dem christlichen Anerkennungskonzept ein universalistischer Zug inne. Denn prinzipiell ist der Kreis jener Anderen, deren Anerkennung aus der Kraft eigenen Anerkanntseins durch Gott gefordert wird, nicht begrenzt. Vielmehr ist mit der Anwesenheit Gottes in jedem anderen Menschen zu rechnen und der Christ ist aufgefordert, das Ja Gottes zu jedem Menschen mitzusprechen. „Der Gott, der den Menschen als Person unbedingt anerkennt, begegnet ihm zugleich als der Andere und Fremde. (…) Das Zuteilwerden unbedingter Anerkennung und die damit verknüpfte Verheißung unverlierbaren Heils befreit und befähigt den Menschen zu einer je größeren Menschlichkeit, die dann aber auch unabdingbar von ihm gefordert bleibt."[271]

Das Verhältnis zu diesem unbedingten Anerkanntsein durch Gott lässt sich als *Glaube* bezeichnen. Darin verhält sich der Mensch sowohl zu Gott als auch zu sich selbst. Das Wort Gottes – also die symbolische Verdichtung des Anerkennungsvorgangs in der Geschichte Jesu Christi –, so Markus Knapp, spreche den Menschen auf die Grundproblematik seiner Existenz an: dass er erkennt, wie fundamental er ein aus unbedingter Anerkennung lebendes Wesen sei. Gleichzeitig bleibe Gott stets der Andere und Entzogene, der Unverfügbare. „Nur als in sich selbst Unbedingter kann Gott den Menschen unbedingt anerkennen und bejahen. Als solcher bleibt Gott aber der ganz Andere, der sich dem Menschen immer auch entzieht und daher nicht verrechenbar ist mit seinen Wünschen, Bedürfnissen und Vorstellungen."[272]

Gegenüber einer rein sozialphilosophischen und gesellschaftspolitischen Begründung der überlebenswichtigen Anerkennungsform der *Solidarität* könnte die Religion betonen, dass es nicht nur die Leistungen und Fähigkeiten eines Individuums sein dürfen, die seinen Wert und sein „Solidaritätsempfangsrecht" begründen, sondern es grundsätzlich möglich sein muss, auch alte, kranke oder behinderte Menschen konsistent im Solidaritätszusammenhang zu halten. Dafür könne die Religion normative Begründungen liefern und somit auch für eine moderne Gesellschaft relevant sein, die an einer humanen Perspektive für alles, was Menschenantlitz trägt, festhalten will. Als zusammenfassende Bemerkung schreibt Markus Knapp über das Verhältnis von Religion und Moderne:

„Es geht um den Hinweis, dass Religion und Moderne, unbeschadet aller Säkularisierung, in einer bestimmten Weise miteinander verbunden bleiben, insofern alles Streben nach Anerkennung – wie immer verdeckt – auf etwas Letztgültiges, Unbedingtes verweist, wie es durch die Religion vertreten und repräsentiert wird."[273]

Insofern zeigt der interdisziplinäre Diskurs zwischen Theologie, Sozialphilosophie und Psychoanalyse über die Anerkennung, dass zwar verschiedene Sprachen gesprochen werden, mitunter aber Ähnliches gemeint ist. Insbesondere eröffnet sich eine Perspektive, in der der Religion ein gewissermaßen unverzichtbarer Beitrag zur Begründung und Aufrechterhaltung umfassender Solidaritätsbeziehungen zukommt. Neben aller notwendigen Säkularisierung der Organisation des menschlichen Zusammenlebens und der funktionalen Differenzierung der Gesellschaft könnte somit ein Verständnis für die bleibende Bedeutung der Religion entstehen, die ihre Sinnressourcen als *ein* gesellschaftlicher Akteur einbringt in den gesamtgesellschaftlichen Diskurs über die Frage, wie wir leben wollen und wie Anerkennung organisiert und begründet werden kann.

3. „Von der Vollendung her leben" – Die unbedingte und unauflösliche Anerkennung des Gläubigen durch Gott: *Andreas Rohde*

Einen Beitrag zur theologischen Bestimmung des Gott-Mensch-Verhältnisses als Anerkennungsverhältnis hat auch der Paderborner Theologe Andreas Rohde in seinem Buch „Lebensgeschichte und Bekehrung" vorgelegt. Darin stellt er insbesondere über zwei theologische Topoi einen Anschluss zum interdisziplinären Anerkennungsdiskurs her: Über die Vorstellung vom Geschaffensein des Menschen durch Gott, *den Schöpfer,* als grundsätzliche und unhintergehbare Anerkennung des Menschen durch Gott sowie über die Deutung des Lebens, Sterbens und Auferwecktwerdens Jesu Christi als die antizipierte Herstellung von umfassender Anerkennung durch Gott, *den Erlöser.*

Die Vorstellung vom Geschaffensein des Menschen durch den Schöpfergott beinhaltet die Stiftung eines Anerkennungsverhältnisses, das der Form der *Liebe* entspreche. Im Anschluss an Paul Ricœur deutet Rohde diese Anerkennung des Menschen durch den Akt der Schöpfung Gottes als *Selbst-Gabe Gottes*, als eine Form der selbstlosen, unbedingten Liebe. Diese Schöpfungs-Beziehung beinhalte das Versprechen Gottes, dem Menschen durch seine Geschichte und seine Geschichten hindurch nicht die Anerkennung zu entziehen.[274] Für das Selbstverständnis des Menschen bedeutet dies, dass die Identität aus dieser Selbst-Gabe Gottes empfangen werde und nicht mehr erstritten und erkämpft werden müsse. „In Bezug auf den Schöpfer weiß sich das glaubende Individuum als in seiner Existenz unbedingt anerkannt, d.h. die einzige Bedingung der geschöpflichen Existenz ist die Liebe des Schöpfers."[275]

Diese Geschichte der Anerkennung durch Gott, die ihren einen Pol in der göttlichen Schöpfung des Menschen hat, findet ihren zweiten Pol in der Vollendung der Anerkennung durch den vom Tod erlösenden Jesus Christus. Der Tod Jesu und seine Auferweckung durch Gott wird als stellvertretende Überwindung des Todes und der Trennung von Gott vorgestellt: als die Vorwegnahme der

Auferweckung aller Gläubigen, die vorwegnehmende Herstellung vollendeter und unauflöslicher Anerkennung. Die Versöhnung mit Gott sei in Jesus Christus vorweggenommen und so sei es möglich, von dieser vollendeten Versöhnung her und zugleich darauf hin hoffend zu leben.[276] Nunmehr ist ein Anerkennungsverhältnis gestiftet, das nicht mehr abgebrochen werden kann.

Die Antwort des Gläubigen liegt in der Neuausrichtung seiner Identität auf Gott: Der Glaubende ist „in Christus", wie Paulus formuliert, und somit auf besondere Weise eingebunden in die Anerkennung Gottes, die in Jesus Christus personal-geschichtliche Gestalt angenommen habe.[277] „Wer ‚in Christus ist', der nimmt die Selbst-Gabe in Empfang; es wird ihm bewusst, durch die Versöhnung mit Gott von diesem anerkannt zu sein."[278] Das bedeutet aber auch, dass das persönliche Leben nun qualifiziert ist als der Ort, an dem sich das Wirken Gottes zeigt und erweist – das Leben der Glaubenden werde zu einer „Fortschreibung der Ur-Biographie Jesu von Nazareth" (Michael Schneider). So wird das Leben zur *Antwort* auf die erfahrene Anerkennung durch die Selbst-Gabe Gottes, was impliziert, dass es wesentlich auch in der Lebensgeschichte des Glaubenden um die Herstellung von Anerkennungsverhältnissen gehen sollte.[279]

Das Besondere und Entscheidende am christlichen Glauben ist die Vorstellung, dass das Anerkennungsverhältnis zwischen Mensch und Gott als eines geglaubt wird, das über die Grenze des Todes hinaus Bestand hat – der Mensch also nicht auf sein Ende zugeht, sondern auf seine Vollendung, auf das Eingehen in die geheilte Ganzheit Gottes, was die vollständigste Form der Anerkennung bedeutet. Deshalb formuliert Rohde: „Vom Ende her *den-*

ken kann lebensgeschichtlich nur heißen: Vom Ende her *leben*. Das ist die große Pointe des christlichen Glaubens. Es geht nicht darum, *auf ein Ende hin* zu leben, sondern *von der Vollendung her* zu leben."[280]

V. Die Beiträge und Hemmnisse der Religion für eine Kultur der Anerkennung

Nach diesem weitgefächerten Gang durch die verschiedenen Anerkennungskonzepte der Sozialphilosophie, der Psychoanalyse und der Theologie ergeben sich durchaus unterschiedliche Implikationen für die Rolle der Religion für eine Kultur der Anerkennung. Nahezu in allen Entwürfen wurde gezeigt, dass die Religion als soziales Phänomen und Identitätsprojekt grundsätzlich auf Anerkennungsverhältnissen basiert und ohne den Vorgang der wechselseitigen Anerkennung zwischen Mensch und Gott beziehungsweise zwischen Mensch und Mensch nicht vorstellbar ist. Denn Religion ist ein Beziehungsgeschehen: Der Mensch wird anerkannt durch Gott – durch die Vorstellung seines Geschaffen- und Angenommenseins. Und Gott wird anerkannt von den Menschen, die ihm Antwort geben in Gestalt eines vor ihm verantworteten Lebens. Deutlich wurde auch, dass die religiöse Identität eine *soziale* Anerkennung braucht, die letztlich auf Wechselseitigkeit angelegt ist und auch die Anerkennung des Anderen beinhaltet. Aus diesen Potentialen heraus kann die Religion durchaus ein positiver Teil einer Kultur der Anerkennung werden. Gleichwohl kann die Religion aber auch als Verstärker von Ausgrenzung und Konfrontation in Erscheinung treten. Beide Möglichkeiten wohnen in ihr und hängen letztlich von den Bedingungen und Interpretationen ab. Die Frage nach den Beiträgen und nach den Hemmnissen der Religion für eine Kultur der Anerkennung sei im Folgenden noch einmal kurz anhand prägnanter Ansätze aus der gegenwärtigen evangelischen Theologie ausgelotet.

1. Erfüllt leben und Leben teilen – Die Beiträge der Religion für eine Kultur der Anerkennung: *Elisabeth Moltmann-Wendel* und *Theo Sundermeier*

Die Theologin Elisabeth Moltmann-Wendel (1926–2016) hat betont, dass die zentrale christliche Vorstellung von der *Rechtfertigung* des Sünders durch Gott allein aus Gnade den Gläubigen zu einer *positiven Selbstanerkennung* führen kann. Denn die Vorstellung eines unbedingt liebenden und annehmenden Gottes könne die Lebens- und Sündenangst vertreiben und zu einer Selbstbejahung befähigen, die sich in dem Satz ausdrückt: „Ich bin gut, ich bin ganz, ich bin schön."[281] Diese Vorstellung Gottes schaffe einen Raum, in dem der Mensch *keine* Kämpfe um Anerkennung mehr führen muss, sondern einfach *da sein* darf – so wie er ist. Daraus folgt, dass der Mensch nicht allen Leistungs- und Anpassungsforderungen im Leben genügen muss, sich einengender Fremdzuschreibungen entledigen und sich als gut empfinden darf, so wie man ist. Diese Vorstellung eines bedingungslos liebenden Gottes schenke dem Menschen ein *Urvertrauen* in sich selbst: die Vorstellung, dass er geliebt ist und darauf am besten mit Liebe, Freude und Spaß antworte.

Das bedeutet auch, dass der Mensch seine unterdrückten Gefühle und verdrängten Energien bejahen darf und anstrebt, „sich mit allem Verdrängtem wieder als Gottes gute Schöpfung anzusehen"²⁸². Wenn Gott ein Liebender ist, der seiner Liebe in seiner Schöpfung Ausdruck verleiht, dann darf der Mensch es wagen, sich als schön zu empfinden. Das heißt, sich selbst zu bejahen wie eine Mutter ihr Kind bejaht (im gutgehenden Fall): den Glanz in ihren Augen in sich aufzunehmen und damit das Lebensglück zu wagen. Christen leben Moltmann-Wendel zufolge aus der verwandelnden Kraft, die vom Kreuz zur Auferstehung, vom Tod zum Leben führt. Daraus folge eine bejahende Haltung zu sich und zur Welt, eine Bejahung der Lust, des Staunens, des Glücklichseins – denn der Christ ist eingewoben in den göttlichen „Charme des liebenden Zauberblicks"²⁸³. Diese Gedanken erschließen das Potential, das die christliche Tradition zu einer psychotherapeutischen Kultur der Selbst-Anerkennung beitragen könnte.

Doch auch für die andere Seite der Anerkennung, die Anerkennung des Anderen, kann die christliche Religion einen konstruktiven Beitrag liefern, worauf der Heidelberger Theologe und Religionswissenschaftler Theo Sundermeier hingewiesen hat. Er arbeitet heraus, dass das Fremdsein wesentlich zur jüdisch-christlichen Identität gehört²⁸⁴: Das Volk Israel gründet auf einer Nomadenexistenz und schrieb dieses Fremdsein in sein Grundbekenntnis ein: „Ein umherirrender Aramäer war mein Vater" (5. Buch Mose, Kapitel 26). Daraus erwuchs die Vorstellung von Gott als Schutzherrn, auf den die Gläubigen in ihrer Fremdlingschaft angewiesen sind. Das Christentum hat später diese Fremdlingsidentität übernommen und gedeutet als Fremdsein in der Welt und in der Zeit, da man auf eine andere Zeit und Welt hinlebt: die vollendete Welt Gottes. Dem Christentum in der Nachfolge von Jesus und in der Ausprägung durch die ersten Gemeinden wohnt dabei ein universalistischer Geist inne, mit dem die Mutterreligion des Judentums prinzipiell geöffnet wurde für Menschen aller Völker: „Das Evangelium lädt den Menschen ein, es stellt keine Bedingungen, es anerkennt keine Unterschiede, seien sie rassischer, sozialer oder politischer Natur (...). Der Geist will Vielfalt. Er ermöglicht die Fremdheit des anderen zu akzeptieren, die fremden Sprachen zu verstehen. Er setzt die Menschen in Bewegung zum anderen, zum Fremden."[285]

Die Anerkennung ist hier ganz auf Gegenseitigkeit angelegt: Der Christ kann Andere anerkennen, weil er sich selbst als anerkannt versteht. Die große Bewegung der Nächsten- und Feindesliebe, die das Christentum freisetzt, bedeutet eine Öffnung hin zum Fremden. „Die Liebe kann nicht bei sich selbst bleiben. Sie sucht den anderen, den Nächsten, den Fremden, den Feind."[286] Gleichwohl bleiben aber immer auch Abgrenzungstendenzen wirksam, die meist aus konkreten historischen Situationen der Bedrängung als Minderheit herrühren. Daraus erwuchs auch eine Tendenz zur Erstarrung und Abschottung des Christentums im Laufe seiner Entwicklung: „Die Dynamik der frühen Kirche, auf den Fremden zuzugehen, macht einer Statik Platz. Die Wahrheit wird als Besitz und exklusiv verstanden."[287] Doch wiederum entstand auch eine gegenläufige Tendenz aus der Begegnung der Kirche mit fremden Kulturen, Religionen und Denkweisen: Die Kirche lernt, „dass ihre Theologie ein Gespräch ist, das nicht herrschen, sondern hören, nicht verdammen, sondern verstehen, nicht dominieren, sondern dienen will."[288] Das Ziel heiße nicht Exklusivität, sondern Anerkennung und *Konvivenz*.

Die Geschichte Gottes hat es Sundermeier zufolge zentral mit der Fremdheit zu tun: Gott bleibt ein Fremder, was sich beispielsweise im Bilderverbot niederschlägt. Und die Menschen bleiben Fremde, was sich in der Entwurzelung und Verstreuung des Volkes Israel beziehungsweise der irdischen Heimatlosigkeit der Christen aufgrund der Erwartung des Reiches Gottes ausdrückt. Und: Entscheidendes geschieht, wenn Fremde sich begegnen und verstehen – beispielsweise durch die Ausbreitung des Christentums in Gestalt eines *interkulturellen Verstehensprozesses*. Daraus und aus der zentralen Bedeutung der Liebe ergebe sich laut Sundermeier eine Verpflichtung des Christentums zu einem *xenologischen Verstehensprozess* – zu einer auf Anerkennung zielenden Öffnung gegenüber dem Anderen und Fremden:

„Es ist unser Umgang mit dem Fremden, der sie zu dem macht, was sie sind. Die durch die Liebe geprägte Identifikation lässt sie in dem Licht erscheinen, in dem sie sich selbst, in ihrem Selbstrespekt und in ihrer Schönheit wahrnehmen, und kann sich daran freuen, ohne sie vereinnahmen oder besitzen, und das heißt enterben und entfremden zu wollen."[289]

Sundermeier zeigt, dass die christliche Theologie aus ihren eigenen Quellen heraus fähig ist zu dieser xenologischen Hermeneutik, die in der *Konvivenz* mündet – also in der Vorstellung vom Zusammenleben Verschiedener in Anerkennung ihrer bleibenden Unterschiede. Diese Konvivenz ist geprägt vom gegenseitigen Helfen, wechselseitigen Lernen und gemeinsamen Feiern.[290] Das bedeutet letztlich eine Überwindung eines Selbstverständnisses des Christentums, das auf Exklusivität beruht und eine unglückselige Missionsgeschichte mit Missachtung und Zerstörung des Fremden mit sich brachte. Das Paradigma der *Konvivenz* ist dagegen in hohem Maße anschlussfähig an die moderne Situation des Pluralismus, also an multikulturelle und multireligiöse Gesellschaftsformen.

2. „Apokalypse now" – Die Hemmnisse der Religion für eine Kultur der Anerkennung: *Friedrich-Wilhelm Graf* und *Reiner Anselm*

Bei aller Betonung dieser anerkennungsförderlichen Beiträge der Religion sollte nicht verschwiegen werden, dass durchaus auch destruktive Potentiale in der Religion wirken können. Möglicherweise stellt die Anfälligkeit für Ausgrenzungs- und Missachtungstendenzen eine strukturelle Schwachstelle der Religion dar. Vielleicht hilft an dieser Stelle die Unterscheidung zwischen Religionen im *Eiferzustand* und Religionen im *Nach-Eiferzustand*, die der Philosoph Peter Sloterdijk einmal eingeführt hat: „In allen Formen des metaphysisch-religiösen Eifertums meint der Diagnostiker einen kryptosozialen Drang zu einer jenseitigen Welt nachweisen zu können, in der begreiflicherweise vor allem diejenigen reüssieren möchten, die an den diesseitigen Tatsachen scheitern."[291] Demgegenüber sind die Formen der Religion, die den Eifer hinter sich gelassen haben und sich einer vernünftigen Verantwortung für das Diesseits gestellt haben, ein wichtiger Bündnispartner für die säkulare Zivilisation. Daraus folgen eine Abkehr von der *Apokalyptik* und eine Hinwendung zum *zivilisatorischen Projekt*: „Die Offenbarung wird zum Umweltbericht und zum Protokoll über die Lage der Menschenrechte."[292]

Auch wenn große Teile des westlichen Christentums und auch des Judentums in das Nach-Eiferstadium gelangt sind, dürfte das Problem virulent bleiben, wie mit den *eifernden Religionsformen* umzugehen ist. Die Anfälligkeit für den Eifer scheint ein grundsätzliches Problem der Religion darzustellen, wie der Münchner Theologe Friedrich-Wilhelm Graf aufzeigt: „Religiöse Symbolsprachen sind eine Art mentaler Software, die sowohl Gutes und Wunderbares als auch Furchtbares, Grausames und Böses bewirken kann." Religiöser Glaube könne im Hass auf Andersdenkende und Andersgläubige Gestalt gewinnen, Menschenverachtung und Intoleranz stimulieren.[293] Graf plädiert daher für eine klare Unterscheidung zwischen „barbarisierenden Glaubensmächten" und „humaner Religion"[294] Die strukturelle Schwachstelle in der Religion, die sie anfällig mache für Hass, Ausgrenzung und enthemmte Gewalt, sieht Graf in dem unterscheidenden, *dualistischen Denken*, das beispielsweise unterscheidet zwischen Schöpfer und Geschöpf, Himmel und Erde, Ewigkeit und Zeit, Jenseits und Diesseits und schließlich am Ende der Zeit zwischen Guten und Bösen. Gerade diese Fixierung auf *Ordnung* und *Struktur* mache die Religion gewaltanfällig. „Denn wenn die gegebene, durch diffuse Vieldeutigkeit, Widersprüche und bleibendes Elend geprägte Welt als eine verderbte Gegenwelt zur wahren, gottgewollten Ordnung erlitten wird, entsteht für die Schöpfungsfrommen der Zwang, die Welt, so wie sie leider ist, auf die ideale und ursprüngliche Ordnung Gottes hin zu überwinden." Gewaltbereitschaft für Gott, genauer: für den je eigenen Gott, sei der Versuch, die erlittene kognitive Dissonanz zwischen den bösen, sündhaften Verhältnissen und der geglaubten Gottesordnung durch kämpferisches Glaubenszeugnis zu überwinden.²⁹⁵

Dieses dissonanzunfähige Ordnungsdenken im Namen Gottes erweist sich gleichzeitig als unfähig, notwendige Grenzen zu ziehen und einzuhalten. Es herrsche eine Logik der Entgrenzung, so Graf, die alle Grenzen des Endlichen aufhebe und den Gläubigen zu Omnipotenzphantasien führe, sich in der intimen Nähe des als allmächtig vorgestellten Gottes zu wähnen. Insofern ist die Religion immer auch eine ambivalente Größe für das zivilisatorische Projekt des friedlichen, pluralen, demokratischen und toleranten Zusammenlebens. „Denn die Transzendenzgehalte und Heilshoffnungen religiösen Bewusstseins bilden immer auch ein innerweltliches Jenseits zu fragiler Zivilität, und darin liegt ihre Faszinationskraft ebenso wie ihre aktuelle Bedrohlichkeit."²⁹⁶

Dieser ambivalente Charakter der Religion muss mit in den Blick genommen werden, will man sich nicht täuschen über die Integrationsfähigkeiten der Religion. Es ist so, wie es der Theologe Reiner Anselm einmal formuliert hat: „Neben den Mythen von Engeln und Heiligen erzählt die Religion auch von Teufeln und Dämonen. Religion kann nicht nur aus Feinden Freunde, aus Konkurrenten Brüder machen. Ihr eignet nicht nur ein befriedendes, sondern immer auch ein polemogenes [sc. Streit erzeugendes] Element, das Bürger zu Gegnern und Gegner zu Todfeinden werden lässt."²⁹⁷ Er weist darauf hin, dass Religion immer auch *Exklusion* erzeuge, immer auch eine Unterscheidung zu Anderen einführen muss, um ihre Identität zu konstituieren. Entscheidend sei daher für die Einbindung der Religion in eine Kultur der Anerkennung, dass ihr politisches Element depotenziert wird durch ihre Einbettung in die auf Rechten gründende staatliche Gemeinschaft. „Nur dort, wo es zu einem konstruktiven Verhältnis zwischen Religion und Rechtsordnung kommt, sind Strukturen gegeben, die das destruktive Potential der Religion im Blick auf das gesellschaftliche Zusammenleben entschärfen können." Auf dieser Grundlage kann die Religion dann wiederum ihre normativ-ethischen Impulse einbringen. Konkret bedeutet das für moderne Gesellschaften, dass die Menschenwürde als Fundamentalnorm gilt und als Äquivalent des Heiligen in Kraft ist. Entscheidend ist, so Anselm, dass die Religion ihren Anspruch auf Totaldurchsetzung ihrer Dogmen und Werte zurücknimmt, sich selbst begrenzt und sich in den Dienst einer gesellschaftlichen Verantwortung stellt. „Wer aus der Religion einen Nutzen für die dienliche Gestaltung der Gesellschaft ziehen möchte, muss eine bestimmte Ausprägung der Ethik immer schon voraussetzen, nämlich die einer im aufklärerischen Ideal von Humanität und Menschenrechten gegründeten Rechtsordnung." Soll die Religion die humane Gesellschaftsordnung nicht mehr gefährden, dann muss sie ihre eigenen Absolutheitsansprüche relativieren – und zwar anhand des „Eichmaßes" der Menschenrechte. Auf der anderen Seite bedarf aber auch die aufgeklärte moderne Gesellschaft der Religion – als eines kritischen Gegenübers, „damit nun nicht umgekehrt die relativen Überzeugungen menschlicher Lebensgestaltung selbst in nicht diskutable, ethische Fundamentalismen überführt werden."[298]

Als eine besondere Reifeleistung streicht Reiner Anselm den Lernprozess des evangelischen Christentums heraus, dem es gelungen sei, „aus dem Gegeneinander zwischen dem Humanitäts- und Menschenrechtsideal auf der einen und der Religion auf der anderen Seite ein kritisch-solidarisches Nebeneinander zu machen. Es hat sich gezeigt, dass im Blick auf die Gestaltung einer lebensdienlichen, menschengerechten Gesellschaft beides vonnöten ist: die Begrenzung der *Religion* durch Recht und Humanität sowie Interpretation, Fundierung und Korrektur von *säkularer Moral* durch Religion"[299].

Daraus lässt sich schließen, dass der integrierende und normativ-ethische Beitrag der Religion für eine Kultur der Anerkennung nicht von selbst gegeben ist, sondern dass es zunächst eines Transformationsprozesses innerhalb der Religion bedarf, der sie zur Verabschiedung bestimmter Absolutheitsansprüche und zur Anerkennung des demokratischen Zivilisationsprojekts auf der Grundlage der Menschenrechte führt.

Bei aller Euphorie über die Anerkennungspotentiale insbesondere der jüdisch-christlichen Tradition muss immer auch die ambivalente und strukturell-intolerante Seite der Religion berücksichtigt und aktiv transformiert werden. Das gelingt freilich leichter, wenn erkannt wird, wie grundlegend auch die christliche Religion auf Anerkennungsverhältnissen beruht – und somit auf Wechselseitigkeit und Relativierung, die alle Monomanien und Absolutismen auflöst.

VI. Der Mensch braucht mehr als nur sich selbst – Schlussüberlegungen

Der spezifische Blickwinkel dieses Buches sollte die Bedeutung der Religion für die Schaffung einer Kultur der Anerkennung untersuchen. Unvermeidlich stellt sich dabei die Frage, ob in einer aufgeklärten Welt und Zeit, ob in einer demokratisch-pluralistischen Gesellschaft die Frage nach der Religion für die Gestaltung sozialer Zusammenhänge überhaupt relevant ist. Es scheint jedoch, als müsse diese Frage bejaht werden. Denn es gilt, der Bemerkung Jürgen Habermas' Rechnung zu tragen, dass auch in der „postsäkularen Gesellschaft" die Religion über Sinnressourcen verfüge und nicht ausgeschlossen werden sollte aus dem Diskurs über das richtige Zusammenleben. Er regte an, dass sich säkulare und religiöse Staatsbürger auf Augenhöhe begegnen und sich ihre jeweiligen normativen Sinngehalte gegenseitig übersetzen sollen – um ein förderliches Miteinander zu ermöglichen.[300] Doch um welche Sinngehalte der Religion könnte es sich in Bezug auf die Kultur der Anerkennung handeln? Möglicherweise liegt der zentrale Beitrag der Religion für eine Kultur der Anerkennung in der Begründung von Normen, die die Rücksicht auf Schwächere sichern. Der Religionssoziologe Franz-Xaver Kaufmann äußerte einmal die scharfsichtige Beobachtung, dass die „institutionalisierte Egozentrik" der Moderne nicht dazu imstande sei, Gründe dafür vorzubringen, warum *die Interessen der Schwächsten* als gleichwertig gelten sollten gegenüber den Interessen der

Stärksten.[301] Die Religion könnte hier jene moralischen Ressourcen verteidigen, die letztlich den Kern einer humanen Gesellschaft ausmachen: die Sicherung eines grundlegenden sozialen Zusammenhalts und die Rücksichtnahme auf Schwächere. Die Religion könnte ein Bewusstsein dafür schaffen, dass wir als Sterbliche alle miteinander verbunden sind und niemand von vornherein davor gefeit ist, zu scheitern, zu den Schwachen, zu *den Anderen* zu gehören. Auf dieser Grundlage einer Solidarität der Sterblichen könnte Kaufmann zufolge die Religion zwei Themen im öffentlichen Diskurs stark machen: die Solidarität der Generationen und den Umgang mit der Sterblichkeit.[302] All das hat wesentlich mit *Anerkennungsleistungen* zu tun, zu denen der moderne Mensch offenbar nicht mehr ohne weiteres in der Lage ist: Anerkennung der Endlichkeit und Anerkennung des Gefährdetseins.

Gerade am Umgang mit dem Tod kann sich die Not des modernen Menschen – und die prinzipielle Relevanz der Religion – ablesen. „Noch nie war der Tod so vereinsamend, vernichtend und radikal", schreiben die Soziologen Armin Nassehi und Georg Weber.[303] Denn der ursprünglich so segensreiche Prozess der Individualisierung mit seinen großen befreienden Potentialen offenbart immer deutlicher auch seine Schattenseite: die Vereinsamung. Dem modernen Menschen fällt es in seinem autonomen, bindungslosen und radikal individualisierten Leben offenbar schwer, seinen Tod, seine Verletzlichkeit und sein Angewiesensein auf Andere anzuerkennen und diese Themen gemeinsam zu bewältigen – und somit eine echte Kultur der Anerkennung zu schaffen. Zu dieser gehört eben wesentlich, dass man zuallererst die eigene Endlichkeit, Bedürftigkeit und

Angewiesenheit anerkennt, bevor Wege gesucht werden zur Organisation wechselseitiger Anerkennung. Es versteht sich nahezu von selbst, dass die Anerkennung des eigenen grundsätzlichen Angewiesenseins ethische Implikationen hat und zur Begründung von Verantwortung führt.

Doch der hier zusammengefasste Anerkennungsdiskurs hat auch gezeigt, dass nicht nur die Religion eine solche Begründung für eine Kultur der Anerkennung zu leisten vermag. Auch die oben beschriebene psychoanalytische Erkenntnis vom frühkindlichen Angewiesensein auf die Eltern und das Entstehen von Identität und Individualität aus der Einwirkung und Verinnerlichung Anderer sprengt den neoliberalen Mythos von der Autonomie des Individuums. Für den Theologen Uwe Gerber ist dieser Gedanke des unhintergehbaren Angewiesenseins auf einen Anderen – von allem Anfang an – ein Gedanke, den Religion und Psychoanalyse miteinander teilen:

„Jedem Anspruch auf Leben geht der Zuspruch von Leben voraus, geht das (asymmetrische) Geschenk der nie einholbaren, nie herstellbaren, erwählten Lebendigkeit an mich durch den Anderen-Fremden in seiner Stellvertretung Gottes. Dieser andere Mensch, der mir bei aller unserer gegenseitigen (symmetrischen), funktionalen Kommunikation *als Mensch (Person) fremd* bleibt, schenkt mir ‚eigenes Leben' und zwingt mich zugleich zu ‚eigenem Leben', indem er meine Antwort auf ihn, mein Reden und Schweigen, mein Handeln und Verweigern, mein Hören, Riechen und Schmecken, mein Streicheln und Abstoßen will und erwartet und darauf besteht. Mein aus dem unbestimmbaren Fremden-Anderen gekommenes Antworten geschieht als mein eigenes Leben, als mein von Vergebung und Anerkanntwerden lebendes *Glaubens-Leben*."[304]

Insofern konvergiert die „Spur des Anderen" mit der „Spur Gottes" im Menschen. Die Anerkennung dieser Erfahrungen des Angewiesenseins und der unhintergehbaren Beziehungshaftigkeit der Existenz führt zu der Fähigkeit, sich de-zentrieren zu können, sich als ein Dialog-Wesen zu begreifen, das *wesentlich* als ein leibhaftiges Gespräch mit Anderen lebt. Zu verstehen, dass eigene Handlungen immer schon Antworten sind auf die unhintergehbare Erfahrung des von Anderen Ins-Leben-geführt-Seins. In dieser Art der Selbstanerkennung – sich also zu erkennen als sich selbst *und* als ein Anderer – liegt die Fähigkeit begründet zur Anerkennung Anderer.

Zu diesem wichtigen Anerkennungsschritt könnte die reife Religion führen. Denn sie verwischt nicht die „Spur des Anderen" im Eigenen und flüchtet sich nicht in die Illusion des Reinseins und in die Ideologie des absolut gesetzten Eigenen. Die reife Religion, die über sich selbst reflektiert und die infantile Illusion eines alleinseligmachenden Glaubens überwunden hat, vermag die Bruchlinien zu sehen, die sich auftun: im Menschen, zwischen Menschen und zwischen Gott und Mensch. Da ist das Fremde anerkannt als ein Teil von einem selbst, als ein Teil der Begegnung mit Anderen und als ein Teil der Begegnung mit Gott. Und dieses Moment eines bewussten Umgangs mit dem Fremden bewahrt vor der fundamentalistischen Abschottung des Eigenen und äußert sich in einer echten Offenheit gegenüber anderen Menschen, anderen Sichtweisen, anderen Lebensweisen, anderen Glaubensweisen – und gegenüber Gott. Es ist eben noch nicht erschienen, was wir sein werden (1. Johannesbrief, Kapitel 3) – und so lange kann man nicht fertig werden mit sich, mit der Welt und mit dem Anderen. Fertig ist man aber, wenn man fertige Antworten – und fertige Gottesbilder – hat. Nimmt man das eigene Fremdsein – in Bezug auf den fremden Ursprung aus einem Anderen, in Bezug auf das eigene Unbewusste – ernst, bleibt etwas, das nicht aufgeht. Da ist ein Bewusstsein darüber, dass sich ein Anderes eingeschrieben hat in sich selbst – und dieses Andere immer ein innerer Ort bleibt, der die eigene Identität, das eigene Leben offenhält, unabschließbar und bruchstückhaft macht. Ein Ganzsein im Sinne von gänzlich Erleuchtet- oder Heilsein, kann es demnach nicht in dem Sinne geben, dass alles Leiden, alles Unverständliche und Unbegreifbare, alles Irritierende, alles Verlieren getilgt wäre. Ein Ganz- oder Heilsein im tieferen Sinne kann es nur durch eine Anerkennung des bruchstückhaften Charakters der menschlichen Existenz geben und in einer bestimmten *Haltung* dem Leiden, dem Unbegreifbaren und dem Verlieren gegenüber. Insofern stößt auch ein Gottesbild an seine Grenzen, das gänzliches Heilsein und gänzlichen Ausschluss der Abseite – des Leidens, des Scheiterns, des Verlierens – propagiert. Dieser Gott ist allzu leicht als Projektion eigener Allmachts- und Kontrollwünsche zu entlarven. Wenn nichts anders sein darf, als es in einer bestimmten Vorstellung zu sein hat, wird das Feld der Wahrheit und der wahren Glaubensgenossen notwendigerweise eng und klein. Es ist fest umzäunt von Wahrheitsansprüchen, die andere Erfahrungen, andere Interpretationen, andersartige Menschen ausschließen – ein Feld der Reinheit und Einheit, in dem Fremdheit als Falschheit gilt und in dem immer nur wahr sein darf, was schon als wahr zertifiziert wurde. In diesem Feld ist Gott nicht der ganz Andere, sondern der Allergleicheste und damit der Allerkleinste – der Platzhalter des Eigenen im Kampf gegen das Andere und Fremde.

Demgegenüber könnte ein theologischer Lernprozess angeregt werden. Dass Gott – zumindest in der christlichen Tradition – kein verlängertes Eigenes, sondern ein gänzlich Anderes ist. Am dichtesten wird das wohl deutlich in der Bedeutung des Kreuzestodes Jesu. Dass gerade jener, der als Menschensohn gekommen ist, die Welt durch die Liebe Gottes zu verwandeln, den brutalstmöglichen Tod stirbt, wird im Neuen Testament als zutiefst verstörende Fremdheit Gottes beschrieben und gleichzeitig transformiert in eine fundamentale göttliche Integration des Leidens und des Todes. Eine Überwindung des Leidens, Scheiterns und Sterbens nicht am Leiden, Scheitern und Sterben vorbei, sondern durch das Leiden, Scheitern und Sterben hindurch. Das radikal Neue des Christentums ist das Ernstnehmen der Fremdheit Gottes und der Glaube, am fremdmöglichsten Punkt erlöst zu werden. Der Theologe Dietrich Bonhoeffer (1906–1945) schrieb einmal: „Gott lässt sich aus der Welt herausdrängen ans Kreuz, Gott ist ohnmächtig und schwach in der Welt und gerade und nur so ist er bei uns und hilft uns. (…) Die Bibel weist den Menschen an die Ohnmacht und das Leiden Gottes; nur der leidende Gott kann helfen."[305]

Das Kreuz, die Fremdheit Gottes, lässt keine In-Dienstnahme des Höchsten für die Begründung eigener Heilsansprüche zu: Hier geht nichts auf, hier verhält sich Gott radikal dissonant zu eigenen Erwartungen, hier ist die fundamentale Irritation ins Recht gesetzt und hier wird der uneinholbare Ort des Fremden als das, was einen angeht, verteidigt. Hier ist kein Gott, der vereinnahmt werden könnte, der Eigenes beglaubigt und behütet. Hier ist ein Gott, der alle Kategorien und allen Zugriff verweigert, der im Fremden verharrt – als Fremdes und Anderes und gleichzeitig als Allernächstes, aber nicht im Sinne der verlängerten eigenen Wahrheit, sondern als Inbegriff der anderen Wahrheit, dass es nicht ankommt auf das Stehen auf der richtigen Seite, sondern auf das Durchstehen richtigen Scheiterns. Dass es ankommt auf das Vertrauen in das Fremde, das auf einen zukommt als ein letztlich guter Ort. Das Antlitz Gottes ist das Antlitz eines Schmerzgezeichneten. Und es ist das Antlitz des Erlösers. Der Ort des schlechthin Fremden wird qualifiziert als Ort des erlösenden Gottes. Doch nicht im Sinne eines Zugriffs, sondern im Sinne eines Versprechens: Das Fremde wird dich nicht auslöschen, sondern verwandeln – und letztlich ganz machen.

Das Göttliche ist somit eine verwandelnde Bewegung, die den eigenen Ort unsicher macht – entlarvt als falsche Sicherheit im illusionären Eigenen – und hinausführt auf den Weg zum Fremden, das kein *Nichten* mehr bedeutet, sondern ein *Werden*. Dass an der Stelle des Umschlags des Eigenen ins letzte Fremde nicht das Nichts steht, sondern Er: Gott – mit dem schmerzgezeichneten Antlitz eines Menschen, der, verwundet und verwandelt, seine Überwindung teilt und an die Stelle des Todes die große Feier setzt, dass Gott ist alles in allem, dass alles neu ist, versöhnt ist, heil ist und letztendliche und ewige Anerkennung herrscht. Allein: Es ist nicht sagbar, da radikal entzogen – wie das Göttliche. Was bleibt, ist ein Glauben, Beten, Hoffen in der Spur des fremden Gottes, in dessen Fremdheit seine Erlösungsmacht liegt. Was bleibt, sind Glaubenssplitter – möglicherweise freigesetzt durch Erfahrungen von Anerkennung. Was bleibt, sind Sprachsplitter – wie biblische Sätze oder wie Poesie. Dass da eine Ahnung ist von jener Fremde, die nicht vernichtet, sondern erlöst – in der ich nicht verloren bin, sondern aufgehe in einem unvorstellbaren und unendlichen Netz der Bezogenheiten. Unsagbar. Für denjenigen, der derart zu glauben und zu leben vermag, ist das Fremde und das Andere etwas, das ihn schlechthin angeht. Ein derart religiöser Mensch ist unterwegs auf das Offene hin. Er vermag Andersheit anzuerkennen – und sie sogar als einen vielversprechenden Begegnungsort zu qualifizieren. Das Offensein für das ganz Andere – symbolisch verdichtet in der Vorstellung von Gott, der immer der ganz Andere sein muss, um Gott zu sein – kann das Aushalten von Fremdheit und die Einsicht in das Angewiesensein auf Fremdes befördern. Dazu bedarf es freilich einer aktiven Haltung.

Religion ist eine Antwort des Menschen auf die Anerkennung Gottes – so wurde im vorhergehenden Kapitel festgestellt. Hier müsste dieser Satz präzisiert werden: Religion ist eine Antwort des Menschen auf den fremden Gott, der in seiner Fremdheit einen Anspruch an den Menschen stellt. Auf die Frage, wie ein angemessenes Antworten des Menschen auf diesen Anspruch aussehen kann, formen sich ganze Religionen. Dabei sollte bei der Formung der Antwort Vorsicht walten, um nicht in die Falle der oben beschriebenen fertigen Antworten zu tappen und letztendlich wieder nur Selbstabschottungen im Eigenen hervorzubringen. Wie auf das Fremde antworten? Wie auf den fremden Gott antworten? Bernhard Waldenfels schreibt: „Das Antworten [sc. auf den Anspruch des Fremden] beginnt nicht mit dem Reden, sondern mit dem Hinsehen und Hinhören, das eine eigene Form der Unausweichlichkeit hat."[306] Dem Fremden begegnet man Waldenfels zufolge angemessen, indem auf das erste und das letzte Wort verzichtet wird; indem aus der Begegnung heraus die Antwort geformt wird; indem man sich anrufen lässt und kreative Antworten findet – gespeist aus fremder Provokation und eigener Produktion.[307] Die Religion könnte einerseits die Offenheit für solche Begegnungssituationen mit dem Fremden fördern, indem sie grundsätzlich die Angst vor dem Fremden abbaut. Und andererseits kann sie Impulse für die Ausgestaltung der kreativen Antwort geben – etwa durch ethische Werte und Haltungen, die eine kreative Antwort mit Leben füllen.

Betrachtet man beispielsweise, wie Jesus von Nazareth nach der Überlieferung der neutestamentlichen Evangelien mit den fremden Ansprüchen kranker Menschen an ihn umgeht, lässt sich einiges an Anregungen empfangen. Jesus lässt sich immer wieder ansprechen von Fremden, von fremden Ansprüchen, von Menschen in Not und formt aus der Situation der Begegnung heraus eine Antwort. Eine Antwort, die noch nicht von vornherein feststeht, vielmehr eine Art Koproduktion zwischen Jesus und dem Kranken ist. Freilich ist dies eine Antwort, die aus einer Haltung der Offenheit, des Mitleids und der Liebe Jesu erwächst.

Im Matthäusevangelium (Kapitel 20, Verse 29–34) wird die Geschichte einer Blindenheilung erzählt, die schlaglichtartig zeigt, wie eine Antwort auf das Fremde, den fremden Anspruch, die Not Anderer aussehen kann. Dort heißt es:

Und als sie (sc. Jesus und seine Jünger) von Jericho fortgingen, folgte ihnen eine große Menge. Und siehe, zwei Blinde saßen am

Wege: und als sie hörten, dass Jesus vorüberging, schrien sie: Ach Herr, du Sohn Davids, erbarme dich unser! Aber das Volk fuhr sie an, dass sie schweigen sollten. Doch sie schrien noch viel mehr: Ach Herr, du Sohn Davids, erbarme dich unser! Jesus aber blieb stehen, rief sie und sprach: Was wollt ihr, dass ich für euch tun soll? Sie sprachen zu ihm: Herr, dass unsere Augen aufgetan werden. Und es jammerte Jesus, und er berührte ihre Augen; und sogleich wurden sie wieder sehend, und sie folgten ihm nach.

Ein entscheidender Punkt ist hier: Jesus lässt sich *ansprechen* von fremden Menschen – Menschen in Not –, er gibt der Anrede nach und lässt sich auf die Begegnung mit den fremden Ansprüchen offen ein. Er hält dafür noch keine fertige Antwort bereit, sondern lässt sich zunächst einmal *emotional* auf die Anderen ein. Es heißt, dabei *jammerte es ihn*. Diese Regung eines tiefen Mitgefühls, dieses Berührtsein von der Not des Leidenden, dieses Bewegt- und Beunruhigtsein kann als Voraussetzung für jene kreative Antwort gelten, die dann in dem heilenden Prozess gefunden wird. Wörtlich bedeutet „es jammerte ihn" so viel wie „es geht ihm an die Eingeweide"[308]. Die Antwort formt sich also aus einem Angegangensein, das nicht abgewehrt wird. Die Responsivität folgt aus der (leiblichen) Resonanz: Die Not und die Krankheit sind Jesus nicht gleichgültig, er öffnet sich innerlich dafür und eröffnet dadurch ein intersubjektives Feld der Begegnung, in dem der Andere mit seiner Not bei ihm „landen" kann und in dem letztlich auch die Heilung „geformt" wird. Jesus setzt sich zunächst der Not aus, hört das Schreien der Blinden, schafft eine Begegnungsfläche, indem er die Menschenmasse wegdrängt, und ist bereit für eine unvoreingenommene, hilfsbereite, offene Begegnung mit den Kranken. Es zeigt sich: Die Empathie, die Wahrnehmung des Leidens, das emotionale Bewegtsein ist die erste Bedingung für eine kreative Antwort auf das einen angehende Fremde. Daran schließt sich eine zweite Beobachtung für die Bedingungen der Heilung an: Jesus heilt nicht allein, sondern baut eine „treatment alliance" auf, wenn er die nur scheinbar überflüssige Frage stellt: „Was wollt ihr, dass ich für euch tun soll?" Beteiligt an der Heilung ist auch – wenn nicht vor allem – der Kranke, der zu einer Erwartung dessen fähig ist, was anders werden soll, der einen Auftrag erteilt, einen Anspruch formuliert und nach seinen Beiträgen für eine kreative Antwort sucht. So wird es möglich, dass Jesus viele Male nach einer gelungenen Heilung sagen kann: „Dein Glaube hat dir geholfen!"

Insgesamt lässt sich von den Überlieferungen der Heilungen Jesu lernen, wie wirkmächtig die Kraft des Vertrauens ist. Das Vertrauen aufseiten des Patienten wie aufseiten des Therapeuten. Einem Hilfesuchenden sagte Jesus einmal: „Alle Dinge sind möglich dem, der da glaubt (Markus, Kapitel 9, Vers 23). Der Glaube oder das Vertrauen in Möglichkeiten der Veränderung des unheilen Zustands und in einen transformativen Prozess durch die Begegnung sind Voraussetzungen der Heilung. Doch dieses Vertrauen muss gewissermaßen gestiftet werden vom Therapeuten, der durch seine Empathie und seine innere Vision von der Möglichkeit der Überwindung des unheilen Zustands ein Feld der Begegnung schafft, in dem an kurativen Prozessen gearbeitet werden kann. Es ist aber letztlich eine Haltung der Güte, des solidarischen Mitgefühls, der Liebe aufseiten des Therapeuten, die „Wunder" wirkt.

Eine Kultur der Anerkennung verlangt nach einer Grundhaltung der Achtung – sich selbst und dem Anderen gegenüber. Das setzt voraus, dass einerseits Grenzen anerkannt werden und gleichzeitig jene permeablen Begegnungsflächen mit dem Fremden aufgesucht werden, in denen etwas Neues – eine unvorhersehbare, kreative Antwort – wächst. Der Andere ist dann nicht der Vernichter, sondern der Ermöglicher.

Am Ende kommt alles darauf an, ob man es wagt, sich den Ansprüchen des Fremden und den Begegnungen auszusetzen. Die Abschottung verheißt nur scheinbar und kurzfristig eine erfolgreiche Lösung. Denn der abgewehrte Anspruch und die verwehrte Anerkennung verengen das Terrain des Eigenen, das nur umso verbissener verteidigt werden muss. Und: Es verhindert die Wechselseitigkeit eines Prozesses von Geben und Nehmen, der durch eine Kultur der Anerkennung freigesetzt und gewährleistet wird. Dass ein Leben in der Abschottung ein reicheres Leben ist, dürfte ein Trugschluss sein. Es ist letztlich ein von Enge, Einsamkeit und Härte geprägtes Leben, in dem die verwehrte Anerkennung auch zurückfallen kann auf einen selbst: dass man in der Situation des eigenen Angewiesenseins mit seinem Anspruch von Anderen abgewiesen wird.

„Der Mensch ist ein Lebewesen, das Antworten gibt", schreibt Bernhard Waldenfels.[309] Keine Antwort auf den Anspruch des Fremden zu geben ist nur scheinbar keine Antwort. Es ist in Wahrheit natürlich eine Antwort. Und zwar eine Antwort, die davon ausgeht, Leben sei *ohne* den Prozess kreativen Antwortens auf Ansprüche des Fremden und ohne das Prinzip des Austausches und der Wechselseitigkeit möglich. Dass dies unmöglich ist, beweist der Anfang jedes Menschen. Dass dies unmöglich bleibt, beweist die Unwägbarkeit des Lebens: dass nie ausgemacht ist, wer wann wie und wo ein Fremder ist, dessen Leben von einem kreativen Austauschprozess mit den Anderen abhängt. Dass dies nicht unmöglich sein soll, beweist die Religion, die aus einem Verhältnis zum Fremden heraus lebt und alle Folgerungen daraus zieht.

Anmerkungen

1 www.sueddeutsche.de/politik/bundestagswahl-eine-ursache-fuer-den-erfolg-der-afd-mangel-an-respekt-1.3687269-2 (abgerufen am 11.10.2017).
2 Vgl.: Samuel P. Huntington: Kampf der Kulturen. Die Neugestaltung der Weltpolitik im 21. Jahrhundert. Goldmann Verlag 2002 (9. Auflage). Huntington schreibt beispielsweise: „In dem Maße, wie der Kalte Krieg zu Ende ging, wurden Konflikte zwischen Gemeinschaften besser sichtbar und wohl auch beherrschender als früher. (...) Die Menschen konnten sich nicht mehr als Kommunisten, Sowjetbürger oder Jugoslawen verstehen, mussten händeringend eine neue Identität suchen und fanden sie in den alten Ersatzkategorien der Ethnizität und Religion. Die repressive, aber friedliche Ordnung von Staaten, die der Lehre von der Nichtexistenz Gottes verpflichtet waren, wurde durch die Gewaltbereitschaft von Menschen ersetzt, die unterschiedlichen Gottheiten verpflichtet waren" (S. 415 f.427 f.).
3 Hans-Joachim Maaz: Das falsche Leben. Ursachen und Folgen unserer normopathischen Gesellschaft. Verlag C.H. Beck 2017, S. 210.
4 www.zeit.de/2017/46/afd-identitaet-leitkultur-neue-rechte (zuletzt abgerufen am 14.11.2017).
5 Ebd.
6 Vgl.: Stephan Marks: Von der Beschämung zur Anerkennung. Zeitschrift Bildung & Wissenschaft Okt. 2005, S. 6.
7 A.a.O., S. 13.
8 Dorothee Sölle: Mystik und Widerstand. „Du stilles Geschrei". Piper Verlag 2001 (4. Auflage), S. 370.
9 Dorothee Sölle: Gott denken. Einführung in die Theologie. Kreuz Verlag 1990 (2. Auflage), S. 241 f.
10 Vgl. dazu: Hans Joas: Die Sakralität der Person. Eine neue Genealogie der Menschenrechte. Berlin: Suhrkamp 2015. Dort heißt es: „Die Sakralisierung der Person war eine Weiterführung jüdisch-christlicher Motive, auch wenn einzelne Aufklärer vor allem den Bruch mit religiösen Traditionen akzentuierten und die Kirchen entsprechend sich gegen sie stellten" (S. 106).
11 Carl Amery: Global Exit. Die Kirchen und der Totale Markt. München: Luchterhand Verlag 2002, S. 48.
12 Arno Gruen: Der Fremde in uns. Persönliche und politische Konsequenzen. Plenarvortrag am 15. April im Rahmen der 59. Lindauer Psychotherapiewochen 2009, S. 7.

13 A.a.O., S. 4.
14 A.a.O., S. 6.
15 A.a.O., S. 7.
16 A.a.O., S. 8.
17 A.a.O., S. 11.
18 Oliver Sacks: Dankbarkeit. Aus dem Englischen von Heiner Kober. Rowohlt Verlag 2016 (4. Aufl.), S. 48 und 55.
19 Tobias Hürter; Tomas Vašek: Das Prinzip Anerkennung. Gespräch mit Axel Honneth. In: Die großen Philosophen unserer Zeit im Gespräch. Hohe Luft kompakt. Sonderheft 1/2015, S. 82.83.
20 Axel Honneth: Der Kampf um Anerkennung. Zur moralischen Grammatik sozialer Konflikte. Mit einem neuen Nachwort. Frankfurt a.M.: Suhrkamp Verlag 2014 (8. Auflage), S. 11.
21 A.a.O., S. 32.
22 Vgl. a.a.O., S. 33–35.
23 A.a.O., S. 45.
24 A.a.O., S. 64. Vgl. weiter S. 66: „Nur das Gefühl, grundsätzlich in seiner besonderen Triebnatur anerkannt und bejaht zu werden, lässt in einem Subjekt überhaupt das Maß an Selbstvertrauen entstehen, das zur gleichberechtigten Partizipation an der politischen Willensbildung befähigt."
25 A.a.O., S. 81f.
26 Axel Honneth: Hegel und die Anerkennung. In: Philosophie-Magazin 05/2015, S. 78.
27 Vgl.: Axel Honneth: Kampf um Anerkennung, S. 111.146.
28 A.a.O., S. 154.153.172f.
29 A.a.O., S. 177.195.
30 A.a.O., S. 202f.207.205f.209f.
31 A.a.O., S. 212f.215f.217f.
32 A.a.O., S. 263.
33 A.a.O., S. 271.
34 A.a.O., S. 273.
35 Theodor W. Adorno: Minima Moralia. Reflexionen aus dem beschädigten Leben. Frankfurt a.M.: Suhrkamp Verlag 2003, S. 283.
36 Zit. in: Ulf Liedke: Zerbrechliche Wahrheit. Theologische Studien zu Adornos Metaphysik. Würzburg: Echter Verlag 2002, S. 95.
37 Axel Honneth: Kampf um Anerkennung, S. 272.
38 Vgl.: Judith Butler: Gewalt, Trauer, Politik. In: Gefährdetes Leben. Politische Essays. Frankfurt a.M.: Suhrkamp Verlag 2005, S. 45.
39 A.a.O., S. 63.
40 Judith Butler: Raster des Krieges. Warum wir nicht jedes Leid beklagen. Frankfurt a.M./New York: Campus Verlag 2010, S. 20f.31.
41 A.a.O., S. 29.

42 Judith Butler: Gewalt, Trauer, Politik, S. 60.
43 Judith Butler: Kritik der ethischen Gewalt. Adorno-Vorlesungen 2002. Frankfurt a. M.: Suhrkamp Verlag 2007, S. 43.
44 Judith Butler: Raster des Krieges, S. 9.
45 Vgl. a. a. O., S. 12–15.34.
46 A. a. O., S. 22.30 f.
47 Judith Butler: Gewalt, Trauer, Politik, S. 49.
48 Ebd.
49 Judith Butler: Raster des Krieges, S. 36.
50 Judith Butler: Gewalt, Trauer, Politik, S. 54.
51 Judith Butler: Gefährdetes Leben. In: dies.: Gefährdetes Leben, S. 175.
52 Katharina Rothe: Das (Nicht-)Sprechen über die Judenvernichtung. Psychische Weiterwirkungen des Holocaust in mehreren Generationen nicht-jüdischer Deutscher. Psychosozial-Verlag 2009, S. 114 und 135 f.
53 Hannah Arendt: Eichmann in Jerusalem. Ein Bericht von der Banalität des Bösen. Piper Verlag 2006, S. 114.
54 In: Über den Totalitarismus. Texte Hannah Arendts aus den Jahren 1951 und 1953. Hrsg. vom Hannah-Arendt-Institut für Totalitarismusforschung e. V. an der TU Dresden. Berichte und Studien Nr. 17. Dresden 1998, S. 17.
55 Judith Butler: Gefährdetes Leben, S. 160.174.
56 Hannah Arendt: Eichmann in Jerusalem, S. 56.
57 Hannah Arendt: The Jewish Writings. Edited by Jerome Kohn and Ron H. Feldman, Schocken Verlag 2007, S. 479 f.
58 Hans G. Ulrich: Mensch werden als Gottes Subjekt. In: Ulrich Duchrow; Hans G. Ulrich (Hg.): Befreiung vom Mammon / Liberation from Mammon. Die Reformation radikalisieren / Radicalizing Reformation Bd./Vol. 2. Lit-Verlag 2015, S. 223.
59 Zit. in: Elsa Tamez: Gegen die Verurteilung zum Tod. Paulus oder die Rechtfertigung durch den Glauben aus der Perspektive der Unterdrückten und Ausgeschlossenen. Edition Exodus 1998, S. 3.
60 Elsa Tamez: Gegen die Verurteilung zum Tod, S. 3.
61 Zit. in: Elsa Tamez: Gegen die Verurteilung zum Tod, S. 35.
62 A. a. O., S. 188.
63 A. a. O., S. 66.
64 A. a. O., S. 66 f.
65 www.domradio.de/themen/papst-franziskus/2013-07-08/papstpredigt-zur-solidaritaet-mit-fluechtlingen-im-wortlaut (abgerufen am 13. 10. 2017).
66 Vgl. dazu: Sonja Buschka et al.: Gesellschaft und Tiere – Grundlagen und Perspektiven der Human-Animal-Studies. In: Aus Politik und Zeitgeschehen (ApuZ). Nr. 8–9/2012, 62. Jahrg., S. 20–27. Zentral ist dabei der von Richard Ryder und Peter Singer geprägte

Begriff des „Speziesismus", der alle Formen der strukturellen Abgrenzung von den nichtmenschlichen Tieren als ideologische Setzungen zur Begründung eines Herrschafts- und Ausbeutungsverhältnisses beschreibt.

67 Birgit Mütherich: Die soziale Konstruktion des Anderen – Zur soziologischen Frage nach dem Tier. In: Renate Brucker u. a. (Hg.): Das Mensch-Tier-Verhältnis. Eine sozialwissenschaftliche Einführung. Springer VS 2015, S. 50.
68 A. a. O., S. 55.
69 A. a. O., S. 73.
70 A. a. O., S. 65.
71 A. a. O., S. 74 f.
72 J. M. Coetzee: Elizabeth Costello. Acht Lehrstücke. Aus dem Englischen von Reinhild Böhnke. S. Fischer Verlag 2004, S. 103.
73 Zit. in: Gotthard M. Teutsch: Soziologie und Ethik der Lebewesen. Eine Materialsammlung. Frankfurt a. M.: Verlag Peter Lang 1975, S. 83.
74 http://w2.vatican.va/content/francesco/de/encyclicals/documents/papa-francesco_20150524_enciclica-laudato-si.html#_ftnref18 (zuletzt aufgerufen am 3. 11. 2017)
75 Albert Schweitzer: Kultur und Ethik. München: Verlag C. H. Beck 1996 (Nachdruck der Sonderausgabe), S. 330.
76 A. a. O., S. 331.
77 A. a. O., S. 299.
78 A. a. O., S. 302 f.
79 A. a. O., S. 305.25.
80 Vgl. Avishai Margalit: Politik der Würde. Über Achtung und Verachtung. Berlin: Alexander Fest Verlag 1997, S. 23.
81 A. a. O., S. 330.
82 A. a. O., S. 109.
83 A. a. O., S. 112 f.
84 Vgl. a. a. O., S. 127 f.
85 A. a. O., S. 133.
86 Vgl. a. a. O., S. 134.
87 A. a. O., S. 153.
88 A. a. O., S. 163 f. Zur Definition von Integrität vgl. S. 165: Integrität bedeutet „die Treue zum eigenen Selbstverständnis, welche die Kontinuität der eigenen Lebensgeschichte jenseits und unabhängig von der personalen Identität gewährleistet."
89 A. a. O., S. 171. Zur Definition einer identitätsstiftenden Gruppe vgl. S. 169–171.
90 A. a. O., S. 317.
91 A. a. O., S. 318 f.
92 A. a. O., S. 181.

93 Vgl. a.a.O., S. 317.
94 www.bekenntnisinitiative.de/images/downloads/stellungnahme_bekenntnis-initiative.pdf (abgerufen am 7.10.2017). Die evangelisch-lutherische Landeskirche Sachsens hat insgesamt rund 750 000 Mitglieder und rund 700 hauptamtliche Pfarrerinnen und Pfarrern. Laut Angaben gibt es 15 homosexuelle Pfarrerinnen/Pfarrer und kein Zusammenleben homosexueller Pfarrerinnen und Pfarrer im Pfarrhaus.
95 www.welt.de/politik/deutschland/article145495633/Bibel-sieht-Homosexualitaet-nicht-als-Gottes-Willen.html (abgerufen am 7.10.2017).
96 www.bekenntnisinitiative.de/ueber-uns/ziele-der-sbi.html (abgerufen am 7.10.2017).
97 www.idea.de/frei-kirchen/detail/homosexuelles-pfarrerpaar-verlaesst-sachsen-93252.html (abgerufen am 7.10.2017).
98 www.sonntag-sachsen.de/2016/12/predigtverbot-aue (abgerufen am 4.11.2017).
99 Carolin Emcke: Gegen den Hass. Lizenzausgabe für die Bundeszentrale für politische Bildung Bonn 2017, S. 16.
100 A.a.O., S. 19f.171.
101 A.a.O., S. 65.
102 Ilse Müllner; Luise Schottroff: Der Gewalt widerstehen. In: Marianne Leuzinger-Bohleber; Paul-Gerhard Klumbies (Hg.): Religion und Fanatismus. Psychoanalytische und theologische Zugänge. Verlag Vandenhoeck & Ruprecht 2010 (Schriften des Sigmund-Freud-Instituts Bd. 11), S. 280.
103 Eugen Drewermann: Tiefenpsychologie und Exegese 1. Die Wahrheit der Formen. Traum, Mythos, Märchen, Sage und Legende. DTV 1993, S. 12.16.
104 Emcke, Carolin: Gegen den Hass, S. 190.195.212.196. Emcke ergänzt dazu noch diese wichtige Bemerkung: „Wirklich im Plural zu existieren, bedeutet wechselseitigen Respekt vor der Individualität und Einzigartigkeit aller. Ich muss nicht genauso leben oder glauben wollen wie alle anderen. Ich muss die Praktiken und Überzeugungen anderer nicht teilen. Sie müssen mir weder sympathisch noch verständlich sein. Auch darin besteht die enorme Freiheit einer wirklich offenen, liberalen Gesellschaft: sich nicht wechselseitig mögen zu müssen, aber lassen zu können" (S. 196).
105 Peter Bürger: Das Lied der Liebe kennt viele Melodien. Eine befreite Sicht der homosexuellen Liebe. Verlag Publik-Forum 2001, S. 130.
106 A.a.O., S. 142.205.
107 Axel Bohmeyer: Option für die Missachteten. Zur anerkennungstheoretischen Ortsbestimmung einer *Kritischen Theologie*. In: Franz

Gruber; Ansgar Kreutzer; Andreas Telser (Hg.): Verstehen und Verdacht. Hermeneutische und kritische Theologie im Gespräch. Ostfildern: Matthias Grünewald Verlag 2015, S. 265 f.
108 Charles Taylor: Multikulturalismus und die Politik der Anerkennung. Mit Kommentaren von Amy Gutmann (Hg.), Steven C. Rockefeller, Michael Walzer, Susan Wolf. Mit einem Beitrag von Jürgen Habermas. Frankfurt a. M.: S. Fischer Verlag 1993, S. 13 f.
109 A. a. O., S. 15.
110 A. a. O., S. 16.
111 A. a. O., S. 22.21. Weiter heißt es a. a. O., S. 22: „Wir bestimmen unsere Identität stets im Dialog und manchmal sogar im Kampf mit dem, was unsere ‚signifikanten Anderen' in uns sehen wollen. Selbst wenn wir diesen Anderen irgendwann über den Kopf wachsen – unseren Eltern etwa – oder wenn sie aus unserem Leben verschwinden, setzt sich das innere Gespräch mit ihnen unser Leben lang fort."
112 Vgl. a. a. O., S. 24.26.27. Vgl. dazu weiter a. a. O., S. 27.28: „Aus dem Übergang von der Ehre zur Würde ist eine Politik des Universalismus erwachsen, die betont, dass Würde etwas ist, das allen Bürgern in gleichem Maße zukommt, und die ihrem Inhalt nach auf die Angleichung und den Ausgleich von Rechten und Ansprüchen zielt."
113 A. a. O., S. 33.
114 A. a. O., S. 67 f.69.
115 A. a. O., S. 71.
116 Vgl. Hans Küng: Die Verantwortung der Religionen und der Kirchen. In: Erwin Teufel (Hg.): Was hält die moderne Gesellschaft zusammen? Frankfurt a. M.: Suhrkamp Verlag 1996, S. 290–293.
117 Vgl. www.heise.de/tp/features/Islam-Bashing-von-evangelischen-Fundamentalisten-3417285.html (abgerufen am 13.10.2017).
118 Zygmunt Bauman: Die Angst vor den anderen. Ein Essay über Migration und Panikmache. Frankfurt a. M.: Suhrkamp Verlag 2017 (4. Auflage), S. 47.
119 A. a. O., S. 84.
120 Vgl. a. a. O., S. 11–115.
121 Angelika Neuwirth: Von der koranischen Verzauberung der Welt und ihre Entzauberung in der Geschichte. Herder Verlag 2017, S. 256.
122 A. a. O., S. 151.
123 A. a. O., S. 136.140. Zur Entwicklung des Barmherzigkeitsgedankens in der koranischen Überlieferung vgl. a. a. O., S. 143: „*Rahma* [Barmherzigkeit] war also noch nichts Gegebenes, als der koranische Kommunikationsprozess begann. Der Gedanke der Barmherzigkeit gewann erst Boden, als zusammen mit der Adoption des sprechenden Gottesnamens al-*Rahman* die mittel-

mekkanischen Geschichten von den Ursprüngen der christlichen Religion, mit ihrem Fokus auf der – in der Verkündigung bis dahin nur flüchtig betrachteten – schöpfungstheologischen Dimension der Weiblichkeit in den Horizont der Gemeinde traten."
124 Zygmunt Bauman: Die Angst vor den anderen, S. 24.
125 Tvetan Todorov: Abenteuer des Zusammenlebens. Versuch einer allgemeinen Anthropologie. Frankfurt a. M.: S. Fischer Verlag 1998, S. 34.107.
126 A. a. O., S. 39.
127 Vgl. zum Folgenden: A. a. O., S. 80–87.
128 A. a. O., S. 98.
129 A. a. O., S. 100 f.
130 A. a. O., S. 106.
131 A. a. O., S. 117.170.
132 A. a. O., S. 171.
133 A. a. O., S. 170.174
134 Andreas Cremonini: Die Anerkennung des anderen. Ein neues Paradigma der Psychoanalyse? In: RISS. Zeitschrift für Psychoanalyse, Freud-Lacan, Heft 66 (2007/II), S. 7.9.
135 René Spitz: Vom Säugling zum Kleinkind. Naturgeschichte der Mutter-Kind-Beziehungen im ersten Lebensjahr. Stuttgart: Klett-Cotta Verlag 1980 (6. Auflage), S. 289 ff. Dazu heißt es dort (S. 289): „Wenn man Kindern im ersten Lebensjahr länger als fünf Monate alle Objektbeziehungen vorenthält, zeigen sie die Symptome eines zunehmend schweren Verfalls, der mindestens zum Teil irreversibel zu sein scheint."
136 Alfred Schäfer; Christiane Thompson: Anerkennung – eine Einleitung. In: dies. (Hg.): Anerkennung. Paderborn: Schöningh Verlag 2010 (Reihe Pädagogik-Perspektiven), S. 7.9.
137 René Spitz: Vom Säugling zum Kleinkind, S. 310 f.
138 Daniel Stern: Die Lebenserfahrung des Säuglings. Stuttgart: Klett Cotta Verlag 1992, S. 199.
139 Vgl.: Helga Kohler-Spiegel: Gesehen werden – gebunden sein. Ein psychologischer Blick auf eine „Kultur der Anerkennung". In: Thomas Krobath; Andrea Lehner-Hartmann; Regina Polak (Hg.): Anerkennung in religiösen Bildungsprozessen. Interdisziplinäre Perspektiven. Diskursschrift für Martin Jäggle. Göttingen: V&R unipress 2013, S. 110.
140 Ulrich Duchrow; Reinhold Bianchi et al.: Solidarisch Mensch werden. Psychische und soziale Destruktion im Neoliberalismus – Wege zu ihrer Überwindung. Hamburg: VSA-Verlag 2006, S. 58.
141 Martin Buber: Ich und Du. Stuttgart: Reclam Verlag 2006 (Reclams Universal-Bibliothek Nr. 9342), S. 28.

142 Donald W. Winnicott: Die Theorie von der Beziehung zwischen Mutter und Kind. In: ders.: Reifungsprozesse und fördernde Umwelt. Gießen: Psychosozial-Verlag 2001, S. 50. Der Kontext des Satzes lautet (ebd.): „Ich habe einmal gesagt: ‚Es gibt den Säugling gar nicht', womit ich natürlich meinte, dass man überall da, wo man einen Säugling findet, auch die mütterliche Fürsorge findet, und ohne die mütterliche Fürsorge gäbe es keinen Säugling."
143 A.a.O., S. 52.
144 Vgl. a.a.O., S. 55.69.68. Zum Begriff des Haltens, der die *spezifische Fürsorge der Umwelt* für den Säugling meint, vgl. a.a.O., S. 62: Die Fürsorge der Umwelt „befriedigt physiologische Bedürfnisse. Hier haben sich Physis und Psyche noch nicht geschieden oder sind gerade dabei, es zu tun, und sie ist zuverlässig."
145 A.a.O., S. 70.
146 Vgl. a.a.O., S. 59f.
147 Ebd.
148 Donald W. Winnicott: Die menschliche Natur. Stuttgart: Klett-Cotta Verlag 1998 (2. Aufl.), S. 165.
149 Donald W. Winnicott: Von der Abhängigkeit zur Unabhängigkeit in der Entwicklung des Individuums. In: ders.: Reifungsprozesse, S. 117.
150 Ebd.
151 Donald W. Winnicott: Vom Spiel zur Kreativität. Stuttgart: Klett-Cotta Verlag 1993 (7. Aufl.), S. 127.
152 Friedhelm Grünewald: Das Gebet als spezifisches Übergangsobjekt. In: Wege zum Menschen. Monatsschrift für Arzt und Seelsorger (WzM), 34/1982, S. 223.222.
153 Vgl. dazu Donald W. Winnicott: Reifungsprozesse, S. 117f.
154 Axel Honneth: Kampf um Anerkennung, S. 169f.
155 A.a.O., S. 171.
156 A.a.O., S. 173.
157 Donald W. Winnicott: Die menschliche Natur, S. 158.
158 Donald W. Winnicott: Vom Spiel zur Kreativität, S. 23–25.
159 Vgl. dazu auch: Christa Rohde-Dachser: Fiktionen der Unsterblichkeit. Soziologische und psychoanalytische Perspektiven. In: Vera King; Benigna Gerisch (Hg.): Zeitgewinn und Selbstverlust. Folgen und Grenzen der Beschleunigung. Frankfurt a.M.: Campus Verlag 2009, S. 157: Hier erläutert Rohde-Dachser die lebenslange Funktion, die eine verinnerlichte gute Mutter hat – es ist die Erfahrung einer Urverwandlung von Leere, Qual und Wut in Fülle und Zufriedenheit. An diese in ein inneres gutes Objekt transformierte Erfahrung kann die Religion anknüpfen. Denn: „Ein solches idealisiertes Objekt besitzt immer eine sakrale Qualität. Ohne seine schützende Umhüllung würde sich das Kind seinen

Verfolgern, die hier auch für den Tod stehen, schutzlos ausgeliefert fühlen. Ob als Gott, als Himmlische Mutter Maria oder als Schutzengel phantasiert, schaut es in der Phantasie des Kindes schützend auf es nieder, oder es erwartet das Kind nach dem Tode im Himmel, damit es auch dort nicht allein ist."
160 Martin Dornes: Die frühe Kindheit. Entwicklungspsychologie der ersten Lebensjahre. Frankfurt a. M.: Fischer Taschenbuch Verlag 2002 (6. Aufl.), S. 139.140.
161 A.a.O., S. 143.
162 A.a.O., S. 141.
163 A.a.O., S. 144f.
164 A.a.O., S. 147.
165 A.a.O., S. 150.151.
166 A.a.O., S. 153.
167 Verena Kast: Trotz allem Ich. Gefühle des Selbstwerts und die Erfahrung von Identität. Freiburg i. Br.: Herder Verlag 2003, S. 58.
168 Jessica Benjamin: Ein Entwurf zur Intersubjektivität: Anerkennung und Zerstörung. In: dies.: Phantasie und Geschlecht. Studien über Idealisierung, Anerkennung und Differenz. Basel: Stroemfeld Verlag 1993, S. 44.
169 A.a.O., S. 44f.
170 A.a.O., S. 47.
171 A.a.O., S. 50.
172 A.a.O., S. 49
173 A.a.O., S. 52.
174 A.a.O., S. 53.
175 Jessica Benjamin: „Sympathy for the Devil". Bemerkungen zu Sexualität, Aggression und Pornographie. In: dies.: Phantasie und Geschlecht, S. 147.
176 Vgl. a.a.O., S. 154–156.
177 Vgl. a.a.O., S. 156: „In gewisser Weise sind sadistische Phantasien die Quintessenz einer Unfähigkeit, die Mutter als nicht-vollkommenes, aber äußeres Subjekt anzuerkennen, sie sind Ausdruck der Unfähigkeit, Außen-Sein oder Anders-Sein zu ertragen, was aus der fehlgeschlagenen Destruktion entsteht. Sadistische Phantasien im Erwachsenenalter können daher als bedauerliche Verformungen von Aggressionen angesehen werden, die ihr Objekt nicht mehr finden können, noch weniger ein Objekt, das überlebt."
178 Jessica Benjamin: Die allmächtige Mutter: Ein psychoanalytischer Versuch über das Verhältnis von Phantasie und Realität. In: dies.: Phantasie und Geschlecht, S. 82f.
179 Joachim Küchenhoff: Jenseits der Objektbeziehung – zur Anerkennung des Anderen. In: Nedelmann, Carl (Hg.): Phantasie und Rea-

lität. Psychoanalytische Betrachtungen. Stuttgart: Kohlhammer Verlag 2001, 69.70.
180 Vgl.: Joachim Küchenhoff: Die Grenzen des Selbst: der Andere und der Körper. In: Emil Anghern; Joachim Küchenhoff (Hg.): Die Vermessung der Seele. Konzepte des Selbst in Philosophie und Psychoanalyse. Göttingen: Vellbrück Verlag 2009, S. 284.
181 A.a.O., S. 72 (unter Verweis auf André Green).
182 A.a.O., S. 72.
183 Vgl. a.a.O., S. 73. Vgl. dazu auch: Joachim Küchenhoff: Die Grenzen des Selbst, S. 281: „Tatsächlich gilt – beispielsweise in der operationalistischen psychodynamischen Diagnostik (Arbeitskreis OPD 2006) – die gute Abgrenzung von Selbst und Objekt als ein Merkmal reifer Struktur." Und a.a. O, S. 280: „Das Scheitern der Selbst-Objekt-Differenzierung begegnet dem Kliniker überall, am nacktesten in der Psychopathologie der schizophrenen Psychose: – Echolalien und Befehlsautomatismen zeugen davon, dass das Selbst die eigene Steuerungsfähigkeit an das Gegenüber abgegeben hat. – Dass die eigene sogenannte innere Stimme in der akustischen Halluzination von außen auf das Selbst zurückkommt, zeigt, wie das, was im Inneren verworfen worden ist, von außen wiederkehrt (...)."
184 A.a.O., S. 69.
185 Lilli Gast: Mensch ist, der grenzenlos verliert ... In: Jahrb. Psychoanal. 52, S. 183f.
186 Joachim Küchenhoff: Jenseits der Objektbeziehung, S. 76.
187 Joachim Küchenhoff: Verlorenes Objekt, Trennung und Anerkennung. Zur Fundierung psychoanalytischer Therapie und psychoanalytischer Ethik in der Trennungserfahrung. In: ders.: Die Achtung vor dem Anderen. Psychoanalyse und Kulturwissenschaften im Dialog. Weilerswist: Velbrück Verlag 2005, S. 82f.
188 A.a.O., S. 83.
189 A.a.O., S. 85.
190 A.a.O., S. 94.
191 Vgl.: Martin Teising: Die Funktion von Grenzen: Permeabilität und Abgrenzung. Die Kontaktschranke im psychoanalytischen Prozess. In: Anne-Marie Schlösser; Alf Gerlach (Hg.): Grenzen überschreiten – Unterschiede integrieren. Psychoanalytische Psychotherapie im Wandel. Gießen: Psychosozial-Verlag 2012, S. 198.
192 A.a.O., S. 200.
193 A.a.O., S. 200f.207.
194 Bernhard Waldenfels: Das Eigene und das Fremde. Dtsch. Z. Philosoph., Berlin 43 (1995) 4, S. 615.
195 A.a.O., S. 614.
196 A.a.O., S. 619.

197 Joachim Küchenhoff: Verlorenes Objekt, Trennung und Anerkennung, S. 80.
198 Ronald Britton: Glaube und psychische Realität. In: ders.: Glaube, Phantasie und psychische Realität. Psychoanalytische Erkundungen. Stuttgart: Klett-Cotta Verlag 2001, S. 29.
199 Janine Chasseguet-Smirgel: Das Ich-Ideal. Psychoanalytischer Essay über die „Krankheit der Idealität". Frankfurt a. M.: Suhrkamp Verlag 1987, S. 184.
200 A. a. O., S. 76f.
201 A. a. O., S. 94 und 211.
202 A. a. O., S. 212.
203 Vgl. dazu auch: Heinz Henseler: Religion-Illusion? Eine psychoanalytische Deutung. Göttingen: Steidl Verlag 1995, S. 138 f.: „Religionen sind prinzipiell – wenn auch oft sublim – intolerant, auch da, wo – wie im Christentum – Nächsten- und Feindesliebe gefordert wird. Die Idealisierung der Glaubensbrüder und -schwestern beinhaltet schon die Entwertung Andersdenkender. Der Abtrünnige wird verstoßen, der Andersdenkende verketzert, der verstockte Irrende isoliert. Ökumenische Bemühungen kommen nicht voran, sie verheddern sich im Gewirr kleinster Differenzen. Fromme Gläubige wissen dies. (...) Man gibt sich Mühe, den Nächsten und die Feinde zu lieben, es geht aber letztlich nicht. Der Nächste ist eben doch ein anderer, ein Fremder, er bedroht das primärnarzisstische System. Das gilt für den Feind natürlich um so mehr."
204 A. a. O., S. 188 f.
205 A. a. O., S. 189.
206 Joachim Küchenhoff: Gott und Unbewusstes. Versuch über die gemeinsamen Anliegen und Gefährdungen von Psychoanalyse und Religion. In: Alf Gerlach; Anne-Marie Schlösser; Anne Springer (Hg.): Psychoanalyse des Glaubens. Gießen: Psychosozial-Verlag 2004, S. 39.
207 Ebd.
208 Die These, dass der Ursprung der Religion in der frühkindlichen Erfahrung der Verschmelzung mit der Mutter zu suchen sei, geht u. a. auf Hans Loewald zurück. Vgl. dazu: Joel Whitebook: Psychoanalyse, Religion und das Autonomieprojekt. Z-Psychoanal 63, 2009, S. 842. Weiter heißt es dort: „So wie Freud meint, dass unser Perfektionsstreben der Erinnerung an den rundum harmonischen Zustand des primären Narzissmus entstamme, glaubt Loewald, dass unsere Suggestion des Heiligen ihre Wurzeln in den Erinnerungsspuren des kleinen Kindes an die ‚ursprüngliche intime Einheit' mit der Mutter habe."
Weiter ausgeführt hat diese Theorie später Heinz Henseler in: ders.: Religion-Illusion?, S. 131.151: „Wenn wir in der Sprache der Reli-

gion von der Unio mystica, dem Einswerden mit Gott als Ziel aller Mystik, von der Versenkung im Gebet, vom Schoß der Mutter Kirche, von der ewigen Heimat, vom Paradies, von schlechthinniger Abhängigkeit (Schleiermacher) oder auch vom ozeanischen Gefühl sprechen (Romain Rolland), meinen wir damit nicht Erinnerungen und Erlebnismöglichkeiten, die uns aus früher Lebenszeit vertraut sind und unter besonderen Bedingungen neu erlebt werden können? (...) Die primärnarzisstische Beziehung, die jeder Mensch mehr oder weniger intensiv erlebt hat, hat ihm die Erfahrung vermittelt, dass es einmal ein grandioses, Ruhe, Befriedigung und Sicherheit gewährendes Objekt gab, an dessen Grandiosität er seinen Anteil hatte. Diese Erfahrung ist eine historische, wenn auch ontogenetische Wahrheit. Die Neuauflage der primärnarzisstischen Beziehung im religiösen Leben wird sich unbewusst auf diese Wahrheit beziehen, auch wenn sie bewusst als übernatürliche Erfahrung interpretiert wird."
209 A.a.O., S. 34f.
210 A.a.O., S. 35.32.
211 A.a.O., S. 32.31.
212 Wilfried R. Bion: Aufmerksamkeit und Deutung. Veröffentlichungen des Klein Seminars Salzburg. Band 6. Tübingen: edition diskord 2006, S. 35.
213 A.a.O., S. 89.
214 A.a.O., S. 91.
215 Vgl.: Ronald Britton: Glaube, Phantasie und psychische Realität, S. 77.
216 Aus: Wilfred R. Bion: Eine Theorie des Denkens. Zit. in: Ronald Britton: Glaube, Phantasie und psychische Realität, S. 79.
217 Ronald Britton: Glaube, Phantasie und psychische Realität, S. 79.
218 Vgl. a.a.O., S. 38.
219 A.a.O., S. 62.65.
220 Theodor W. Adorno: Zum Verhältnis von Soziologie und Psychologie. In: ders.: Soziologische Schriften 1. Frankfurt a.M.: Suhrkamp Verlag 1972, S. 44.
221 Ulrich Duchrow; Reinhold Bianchi et al.: Solidarisch Mensch werden, S. 65. Weiter heißt es dazu auf S. 63f.: „Aus den eben gemachten relational-analytischen Beobachtungen leiten sich einige Einsichten in die *Dynamik soziotraumatischer Störungen* ab. So wie in der Kindheit krankmachende Mitweltbedingungen wie fehlende Zuwendung (Empathiestörungen), Anpassungsüberforderungen und Kontinuitätsbrüche zu Fragmentierungen in der Bildung der formativen Selbststrukturen und Beschädigungen der prägenden inneren Bindungsstrukturen führen, so lösen gravierende und vor allem traumatische Einbrüche und Umwälzungen in der sozialen

Matrix des Erwachsenenlebens prinzipiell neue Labilisierungen und eventuell tiefgreifende Beschädigungen des Identitätsgefüges aus."
222 Vgl.: Axel Honneth: Kampf um Anerkennung, S. 119f.120f.
223 A. a. O., S. 126f.143.146.
224 Ulrich Duchrow; Reinhold Bianchi et al.: Solidarisch Mensch werden, S. 357.
225 Donald W. Winnicott: Die Entwicklung der Fähigkeit der Besorgnis (concern). In: ders.: Reifungsprozesse, S. 93.
226 Donald W. Winnicott: Die Theorie von der Beziehung zwischen Mutter und Kind. In: ders.: Reifungsprozesse, S. 69.
227 Donald W. Winnicott: Versorgung des Kindes in Gesundheit und Krise, In: ders.: Reifungsprozesse, S. 92.
228 Stefanie Selhorst; Michael Miedaner: Eltern wollen Nähe. Verteidigung einer Sehnsucht. Kißlegg: Christiana-Verlag 2016, S. 68.
229 Ulrich Duchrow; Reinhold Bianchi et al.: Solidarisch Mensch werden, S. 358.
230 A. a. O., S. 359.
231 Vgl. a. a. O., S. 361.
232 A. a. O., S. 363.
233 A. a. O., S. 386f.
234 A. a. O., S. 386.
235 Hans-Joachim Maaz: Zwanzig Jahre danach. In: ders.: Der Gefühlsstau. Psychogramm einer Gesellschaft. München: C. H. Beck Verlag 2010, S. 16.
236 Hans-Joachim Maaz: Ängste und Traumata in der Geldgesellschaft. In: Daniela Dahn u. a. (Hg.): Eigentum verpflichtet. Die Erfurter Erklärung. Heilbronn: Distel Verlag 1997, S. 139.
237 Hans-Joachim Maaz: Zwanzig Jahre danach, S. 21.
238 Hans-Joachim Maaz: Ängste und Traumata in der Geldgesellschaft, S. 141.
239 Erich Fromm: Haben oder Sein. Die seelischen Grundlagen einer neuen Gesellschaft. München: DTV Verlag 1980 (4. Aufl.), S. 163f.
240 A. a. O., S. 192.
241 Ulrich Duchrow; Reinhold Bianchi: Solidarisch Mensch werden, S. 121–125.
242 A. a. O., S. 136.
243 Vgl. a. a. O., S. 473.475.
244 A. a. O., S. 437.
245 Jörn Rüsen: Zivilgesellschaft und Religion – Gleichheit, Differenz, Anerkennung aus den Tiefen der Subjektivität. In: Gerhard Kruip; Wolfgang Vögele (Hg.): Schatten der Differenz. Das Paradigma der Anerkennung und die Realität gesellschaftlicher Konflikte. Hamburg: LIT Verlag 2006, S. 7.

246 A.a.O., S. 12.
247 Tobias Braune-Krickau: Religion und Anerkennung. Ein Versuch über Diakonie als Ort religiöser Erfahrung. Tübingen: Verlag Mohr Siebeck 2015, S. 159.
248 A.a.O., S. 161.
249 Zit. in: a.a.O., S. 162.
250 Vgl. a.a.O., S. 172–175.
251 Henning Luther zit. in: a.a.O., S. 176.
252 Henning Luther zit. in: a.a.O., S. 177f.
253 A.a.O., S. 179.
254 Zit. in: Tobias Braune-Krickau: Religion und Anerkennung, S. 189.
255 Dorothee Sölle: Mystik und Widerstand. „Du stilles Geschrei". München: Piper Verlag 2001 (4. Auflage), S. 193.
256 Dorothee Sölle: Die Hinreise. Zur religiösen Erfahrung. Texte und Überlegungen. Stuttgart: Kreuz Verlag 1976 (2. Aufl.), S. 172.
257 Vgl. dazu: Tobias Braune-Krickau: Religion und Anerkennung, S. 211.
258 Ebd.
259 Vgl. dazu a.a.O., S. 214ff.
260 Tobias Braune-Krickau: Die gelebte Religion der Diakonie. Praktisch-theologische Perspektiven auf diakonisches Handeln. Noch unveröffentlichter Fachzeitschriftenbeitrag, S. 15f.
261 Markus Knapp: Verantwortetes Christsein heute. Theologie zwischen Metaphysik und Postmoderne. Freiburg i.Br.: Herder Verlag 2006, S. 173.
262 A.a.O., S. 176f.
263 Axel Honneth zit. in: a.a.O., S. 178.
264 Die Argumentation Wolfhart Pannenbergs wird nachgezeichnet in: Markus Knapp: Verantwortetes Christsein, S. 184.
265 A.a.O., S. 185.
266 Vgl. a.a.O., S. 186.
267 A.a.O., S. 201.
268 A.a.O., S. 214.
269 A.a.O., S. 212.
270 Vgl. a.a.O., S. 204.
271 A.a.O., S. 202f.
272 A.a.O., S. 224f. Diese Alterität Gottes sei auch der Grund dafür, so Markus Knapp weiter, dass sich der so gefasste Gottesgedanke nicht mehr konsistent als bloße menschliche Projektion und Illusion begreifen lasse.
273 A.a.O., S. 252.
274 Andreas Rohde: Lebensgeschichte und Bekehrung. Leben aus Gottes Anerkennung. Paderborn: Schöningh Verlag 2013, S. 107.

275 Andreas Rohde: Biographie, Identität, Nachfolge: Leben aus Gottes Anerkennung. In: ThGl 104 (2014), S. 332.
276 Vgl. a.a.O., S. 119.
277 Vgl. Andreas Rohde: Biographie, Identität, Nachfolge, S. 340.
278 Andreas Rohde: Lebensgeschichte und Bekehrung, S. 115.
279 Vgl. a.a.O., S. 98f. und 117.
280 A.a.O., S. 116.
281 Elisabeth Moltmann-Wendel: Gibt es eine feministische Rechtfertigungslehre? In: Evang. Theol. 60. Jg., Heft 5 (2000), S. 354.
282 A.a.O., S. 357.
283 A.a.O., S. 358. Vgl. zum Thema einer religiös begründeten Selbstannahme auch: Romano Guardini: Die Annahme seiner selbst. Den Menschen erkennt nur, wer von Gott weiß. Mainz: Grünewald-Verlag 1999 (6. Aufl.), S. 32: „Die Liebe beginnt aber in Gott: darin, dass Er mich liebt, und ich fähig werde, Ihn zu lieben; und Ihm dankbar bin ich für seine erste Gabe an mich, die heißt: ich selbst."
284 Vgl. zum Folgenden: Theo Sundermeier: Den Fremden verstehen. Eine praktische Hermeneutik. Göttingen: Verlag Vandenhoeck & Ruprecht 1996, S. 202 ff.
285 A.a.O., S. 209.211.
286 A.a.O., S. 212.
287 A.a.O., S. 219.
288 A.a.O., S. 221.
289 A.a.O., S. 225.
290 A.a.O., S. 226. Weiter heißt es dort: „Konvivenz zielt auf Gegenseitigkeit, niemand ist einseitig Objekt der Begegnung, niemand einseitig Subjekt des Handelns und Engagements. (…) Es geht nicht um Perspektivenverschmelzung. Bei der müssten beide ihre Perspektive aufgeben. Es geht vielmehr darum, beweglich zu werden und für einen Augenblick – und sei es nur für die Zeit des Festes – die fremde Perspektive sich zu eigen zu machen."
291 Peter Sloterdijk: Gottes Eifer. Vom Kampf der drei Monotheismen. Frankfurt a.M.; Leipzig: Verlag der Weltreligionen 2007, S. 213 f.
292 A.a.O., S. 218.
293 Friedrich-Wilhelm Graf: Einleitung. In: Friedrich-Wilhelm Graf; Heinrich Meier (Hg.): Politik und Religion. Zur Diagnose der Gegenwart. München: C.H. Beck Verlag 2013, S. 13 und 14.
294 Friedrich-Wilhelm Graf: Die Wiederkehr der Götter. Religion in der modernen Kultur. Bonn: Bundeszentrale für politische Bildung 2004 (Schriftenreihe Bd. 465), S. 67.
295 http://www.faz.net/aktuell/feuilleton/religion-und-gewalt-mord-als-gottesdienst-13084596.html (abgerufen am 20. September 2016).

296 Ebd.
297 Reiner Anselm: Polemogene Religion. Überlegungen zur Domestizierung von religiös induzierten Konflikten. In: Marianne Leuzinger-Bohleber; Paul-Gerhard Klumbies (Hg.): Religion und Fanatismus. Psychoanalytische und theologische Zugänge. Göttingen: Verlag Vandenhoeck & Ruprecht 2010, S. 325.
298 A. a. O., S. 332.336.
299 A. a. O., S. 337.
300 Jürgen Habermas: Nachmetaphysisches Denken II. Aufsätze und Repliken. Berlin: Suhrkamp 2012, S. 326 f.
301 Franz Xaver Kaufmann: Religion und Modernität. Sozialwissenschaftliche Perspektiven. Tübingen: Mohr 1989, S. 269.
302 A. a. O., S. 275.
303 Zit. in: a. a. O., S. 265.
304 Uwe Gerber: Wie überlebt das Christentum? Religiöse Erfahrungen und Deutungen im 21. Jahrhundert. Erlösung-Versöhnung-Erleichterung-Vereindeutigung-Alterität. Zürich: Theologischer Verlag Zürich 2008, S. 255 f.
305 Dietrich Bonhoeffer: Widerstand und Ergebung. Briefe und Aufzeichnungen aus der Haft. Hrsg. von Eberhard Bethge. Chr. Kaiser Verlag 1955, S. 242.
306 Bernhard Waldenfels: Antwort auf das Fremde. Grundzüge einer responsiven Phänomenologie. In: Bernhard Waldenfels; Iris Därmann (Hg.): Der Anspruch des Anderen: Perspektiven phänomenologischer Ethik. Wilhelm Fink Verlag 1998, S. 44.
307 Vgl. a. a. O., S. 48 f.
308 Vgl.: Peter Trummer: Dass meine Augen sich öffnen. Kleine biblische Erkenntnislehre am Beispiel der Blindenheilungen Jesu. Kohlhammer Verlag 1998, S. 122: „Und Jesus zeigt Erbarmen. Der hier gebrauchte Ausdruck ist sprachlich sehr stark, denn er berührt im Griechischen die Eingeweide als den tiefsten Sitz der Gefühle, ähnlich wie im Hebräischen das Erbarmen mit dem Bild des Mutterschoßes ausgedrückt wird. (…)" Das könne zeigen, „dass Blindheit und Unkenntnis nicht Besserwisserei und Abwertung, sondern tiefes Mitgefühl brauchen, um heil werden zu können."
309 Bernhard Waldenfels: Antwort auf das Fremde, S. 45.

Literaturverzeichnis

Adorno, Theodor W.: Minima Moralia. Reflexionen aus dem beschädigten Leben. Frankfurt a. M.: Suhrkamp Verlag 2003

Adorno, Theodor W.: Zum Verhältnis von Soziologie und Psychologie. In: ders.: Soziologische Schriften 1. Frankfurt a. M.: Suhrkamp Verlag 1972, S. 42–85

Amery, Carl: Global Exit. Die Kirchen und der Totale Markt. München: Luchterhand Verlag 2002

Anselm, Reiner: Polemogene Religion. Überlegungen zur Domestizierung von religiös induzierten Konflikten. In: Marianne Leuzinger-Bohleber; Paul-Gerhard Klumbies (Hg.): Religion und Fanatismus. Psychoanalytische und theologische Zugänge. Göttingen: Verlag Vandenhoeck & Ruprecht 2010, S. 325–338

Arendt, Hannah: Eichmann in Jerusalem. Ein Bericht von der Banalität des Bösen. Piper Verlag 2006

Arendt, Hannah: The Jewish Writings. Edited by Jerome Kohn and Ron H. Feldman, Schocken Verlag 2007

Hannah-Arendt-Institut für Totalitarismusforschung e. V. an der TU Dresden (Hg.): Über den Totalitarismus. Texte Hannah Arendts aus den Jahren 1951 und 1953. Berichte und Studien Nr. 17. Dresden 1998

Bauman, Zygmunt: Die Angst vor den anderen. Ein Essay über Migration und Panikmache. Suhrkamp Verlag 2017 (4. Auflage)

Benjamin, Jessica: Phantasie und Geschlecht. Studien über Idealisierung, Anerkennung und Differenz. Basel: Stroemfeld Verlag 1993

Bion, Wilfried R.: Aufmerksamkeit und Deutung. Veröffentlichungen des Klein Seminars Salzburg. Band 6. Tübingen: edition diskord 2006

Bohmeyer, Axel: Option für die Missachteten. Zur anerkennungstheoretischen Ortsbestimmung einer *Kritischen Theologie*. In: Franz Gruber; Ansgar Kreutzer; Andreas Telser (Hg.): Verstehen und Verdacht. Hermeneutische und kritische Theologie im Gespräch. Ostfildern: Matthias Grünewald Verlag 2015, S. 255–269

Bonhoeffer, Dietrich: Widerstand und Ergebung. Briefe und Aufzeichnungen aus der Haft. Hrsg. von Eberhard Bethge. Chr. Kaiser Verlag 1955

Braune-Krickau, Tobias: Die gelebte Religion der Diakonie. Praktisch-theologische Perspektiven auf diakonisches Handeln. Noch unveröffentlichter Fachzeitschriftenbeitrag

Braune-Krickau, Tobias: Religion und Anerkennung. Ein Versuch über Diakonie als Ort religiöser Erfahrung. Tübingen: Verlag Mohr Siebeck 2015

Britton, Ronald: Glaube und psychische Realität. In: ders.: Glaube, Phantasie und psychische Realität. Psychoanalytische Erkundungen. Stuttgart: Klett-Cotta Verlag 2001

Buber, Martin: Ich und Du. Stuttgart: Reclam Verlag 2006 (Reclams Universal-Bibliothek Nr. 9342)

Bürger, Peter: Das Lied der Liebe kennt viele Melodien. Eine befreite Sicht der homosexuellen Liebe. Verlag Publik-Forum 2001

Buschka, Sonja et al.: Gesellschaft und Tiere – Grundlagen und Perspektiven der Human-Animal-Studies. In: Aus Politik und Zeitgeschehen (ApuZ), Nr. 8–9/2012, 62. Jahrg., S. 20–27

Butler, Judith: Gewalt, Trauer, Politik. In: Gefährdetes Leben. Politische Essays. Frankfurt a. M.: Suhrkamp Verlag 2005

Butler, Judith: Raster des Krieges. Warum wir nicht jedes Leid beklagen. Frankfurt a. M./New York: Campus Verlag 2010

Butler, Judith: Kritik der ethischen Gewalt. Adorno-Vorlesungen 2002. Frankfurt a. M.: Suhrkamp Verlag 2007

Chasseguet-Smirgel, Janine: Das Ich-Ideal. Psychoanalytischer Essay über die „Krankheit der Idealität". Frankfurt a. M.: Suhrkamp Verlag 1987

Coetzee, J. M.: Elizabeth Costello. Acht Lehrstücke. Aus dem Englischen von Reinhild Böhnke. S. Fischer Verlag 2004

Cremonini, Andreas: Die Anerkennung des anderen. Ein neues Paradigma der Psychoanalyse? In: RISS. Zeitschrift für Psychoanalyse, Freud-Lacan, Heft 66 (2007/II), S. 7–16

Dornes, Martin: Die frühe Kindheit. Entwicklungspsychologie der ersten Lebensjahre. Frankfurt a. M.: Fischer Taschenbuch Verlag 2002 (6. Aufl.)

Drewermann, Eugen: Tiefenpsychologie und Exegese 1. Die Wahrheit der Formen. Traum, Mythos, Märchen, Sage und Legende. DTV 1993

Duchrow, Ulrich; Bianchi, Reinhold et al.: Solidarisch Mensch werden. Psychische und soziale Destruktion im Neoliberalismus – Wege zu ihrer Überwindung. Hamburg: VSA-Verlag 2006

Emcke, Carolin: Gegen den Hass. Lizenzausgabe für die Bundeszentrale für politische Bildung Bonn 2017

Fromm, Erich: Haben oder Sein. Die seelischen Grundlagen einer neuen Gesellschaft. München: DTV Verlag 1980 (4. Aufl.)

Gast, Lilli: Mensch ist, der grenzenlos verliert ... In: Jahrb. Psychoanal. 52, S. 169–186

Gerber, Uwe: Wie überlebt das Christentum? Religiöse Erfahrungen und Deutungen im 21. Jahrhundert. Erlösung-Versöhnung-Erleichterung-Vereindeutigung-Alterität. Zürich: Theologischer Verlag Zürich 2008

Graf, Friedrich-Wilhelm: Die Wiederkehr der Götter. Religion in der modernen Kultur. Bonn: Bundeszentrale für politische Bildung 2004 (Schriftenreihe Bd. 465)

Graf, Friedrich-Wilhelm: Einleitung. In: Friedrich-Wilhelm Graf; Heinrich Meier (Hg.): Politik und Religion. Zur Diagnose der Gegenwart. München: C. H. Beck Verlag 2013, S. 7–45

Gruen, Arno: Der Fremde in uns. Persönliche und politische Konsequenzen. Plenarvortrag am 15. April im Rahmen der 59. Lindauer Psychotherapiewochen 2009 (www.Lptw.de)

Grünewald, Friedhelm: Das Gebet als spezifisches Übergangsobjekt. In: Wege zum Menschen. Monatsschrift für Arzt und Seelsorger (WzM), 34/1982

Guardini, Romano: Die Annahme seiner selbst. Den Menschen erkennt nur, wer von Gott weiß. Mainz: Grünewald-Verlag 1999 (6. Aufl.)

Habermas, Jürgen: Nachmetaphysisches Denken II. Aufsätze und Repliken. Berlin: Suhrkamp 2012

Henseler, Heinz: Religion-Illusion? Eine psychoanalytische Deutung. Göttingen: Steidl Verlag 1995

Honneth, Axel: Der Kampf um Anerkennung. Zur moralischen Grammatik sozialer Konflikte. Mit einem neuen Nachwort. Frankfurt a. M.: Suhrkamp Verlag 2014 (8. Auflage)

Honneth, Axel: Hegel und die Anerkennung. In: Philosophie-Magazin 05/2015, S. 78–81

Hürter, Tobias; Vašek, Tomas: Das Prinzip Anerkennung. Gespräch mit Axel Honneth. In: Die großen Philosophen unserer Zeit im Gespräch. Hohe Luft kompakt. Sonderheft 1/2015, S. 78–87

Huntington, Samuel P.: Kampf der Kulturen. Die Neugestaltung der Weltpolitik im 21. Jahrhundert. Goldmann Verlag 2002 (9. Auflage)

Joas, Hans: Die Sakralität der Person. Eine neue Genealogie der Menschenrechte. Berlin: Suhrkamp 2015

Kast, Verena: Trotz allem Ich. Gefühle des Selbstwerts und die Erfahrung von Identität. Freiburg i. Br.: Herder Verlag 2003

Kaufmann, Franz Xaver: Religion und Modernität. Sozialwissenschaftliche Perspektiven. Tübingen: Mohr 1989

Knapp, Markus: Verantwortetes Christsein heute. Theologie zwischen Metaphysik und Postmoderne. Freiburg i. Br.: Herder Verlag 2006

Kohler-Spiegel, Helga: Gesehen werden – gebunden sein. Ein psychologischer Blick auf eine „Kultur der Anerkennung". In: Thomas Krobath; Andrea Lehner-Hartmann; Regina Polak (Hg.): Anerkennung in religiösen Bildungsprozessen. Interdisziplinäre Perspektiven. Diskursschrift für Martin Jäggle. Göttingen: V&R unipress 2013, S. 103–113

Küchenhoff, Joachim: Die Grenzen des Selbst: der Andere und der Körper. In: Anghern, Emil; Küchenhoff, Joachim (Hg.): Die Vermessung der Seele. Konzepte des Selbst in Philosophie und Psychoanalyse. Göttingen: Vellbrück Verlag 2009, S. 272–291

Küchenhoff, Joachim: Gott und Unbewusstes. Versuch über die gemeinsamen Anliegen und Gefährdungen von Psychoanalyse und Religion. In: Alf Gerlach; Anne-Marie Schlösser; Anne Springer (Hg.): Psychoanalyse des Glaubens. Gießen: Psychosozial-Verlag 2004, S. 25–42

Küchenhoff, Joachim: Jenseits der Objektbeziehung – zur Anerkennung des Anderen. In: Nedelmann, Carl (Hg.): Phantasie und Realität. Psychoanalytische Betrachtungen. Stuttgart: Kohlhammer Verlag 2001

Küchenhoff, Joachim: Verlorenes Objekt, Trennung und Anerkennung. Zur Fundierung psychoanalytischer Therapie und psychoanalytischer Ethik in der Trennungserfahrung. In: ders.: Die Achtung vor dem Anderen. Psychoanalyse und Kulturwissenschaften im Dialog. Weilerswist: Velbrück Verlag 2005, S. 79–96

Küng, Hans: Die Verantwortung der Religionen und der Kirchen. In: Erwin Teufel (Hg.): Was hält die moderne Gesellschaft zusammen? Frankfurt am Main: Suhrkamp 1996, S. 286–293

Liedke, Ulf: Zerbrechliche Wahrheit. Theologische Studien zu Adornos Metaphysik. Würzburg: Echter Verlag 2002

Maaz, Hans-Joachim: Ängste und Traumata in der Geldgesellschaft. In: Daniela Dahn u. a. (Hg.): Eigentum verpflichtet. Die Erfurter Erklärung. Heilbronn: Distel Verlag 1997, S. 135–141

Maaz, Hans-Joachim: Das falsche Leben. Ursachen und Folgen unserer normopathischen Gesellschaft. Verlag C. H. Beck 2017

Maaz, Hans-Joachim: Zwanzig Jahre danach. In: ders.: Der Gefühlsstau. Psychogramm einer Gesellschaft. München: C. H. Beck Verlag 2010, S. 9–21

Margalit, Avishai: Politik der Würde. Über Achtung und Verachtung. Berlin: Alexander Fest Verlag 1997

Moltmann-Wendel, Elisabeth: Gibt es eine feministische Rechtfertigungslehre? In: Evang. Theol. 60. Jg., Heft 5 (2000), S. 348–359

Müllner, Ilse; Schottroff, Luise: Der Gewalt widerstehen. In: Marianne Leuzinger-Bohleber; Paul-Gerhard Klumbies (Hg.): Religion und Fanatismus. Psychoanalytische und theologische Zugänge. Verlag Vandenhoeck & Ruprecht 2010 (Schriften des Sigmund-Freud-Instituts Bd. 11), S. 261–282

Mütherich, Birgit: Die soziale Konstruktion des Anderen – Zur soziologischen Frage nach dem Tier. In: Renate Brucker u. a. (Hg.): Das Mensch-Tier-Verhältnis. Eine sozialwissenschaftliche Einführung. Springer VS 2015, S. 49–77

Neuwirth, Angelika: Von der koranischen Verzauberung der Welt und ihre Entzauberung in der Geschichte. Herder Verlag 2017

Riesebrodt, Martin: Fundamentalismus, Säkularisierung und die Risiken der Moderne. In: Bielefeldt, Heiner; Heitmeyer, Wilhelm (Hg.): Politisierte Religion. Ursachen und Erscheinungsformen des modernen Fundamentalismus. Frankfurt a. M.: Suhrkamp 1998, S. 67–90

Rohde, Andreas: Lebensgeschichte und Bekehrung. Leben aus Gottes Anerkennung. Paderborn: Schöningh Verlag 2013

Rohde, Andreas: Biographie, Identität, Nachfolge: Leben aus Gottes Anerkennung. In: ThGl 104 (2014), S. 328–343

Rohde-Dachser, Christa: Fiktionen der Unsterblichkeit. Soziologische und psychoanalytische Perspektiven. In: Vera King; Benigna Gerisch (Hg.): Zeitgewinn und Selbstverlust. Folgen und Grenzen der Beschleunigung. Frankfurt a. M.: Campus Verlag 2009, S. 144–165

Rothe, Katharina: Das (Nicht-)Sprechen über die Judenvernichtung. Psychische Weiterwirkungen des Holocaust in mehreren Generationen nicht-jüdischer Deutscher. Gießen: Psychosozial-Verlag 2009

Rüsen, Jörn: Zivilgesellschaft und Religion – Gleichheit, Differenz, Anerkennung aus den Tiefen der Subjektivität. In: Gerhard Kruip; Wolfgang Vögele (Hg.): Schatten der Differenz. Das Paradigma der Anerkennung und die Realität gesellschaftlicher Konflikte. Hamburg: LIT Verlag 2006, S. 3–14

Sacks, Oliver: Dankbarkeit. Aus dem Englischen von Heiner Kober. Reinbek: Rowohlt Verlag 2016 (4. Aufl.)

Schäfer, Alfred; Thompson, Christiane: Anerkennung – eine Einleitung. In: dies. (Hg.): Anerkennung. Paderborn: Schöningh Verlag 2010 (Reihe Pädagogik-Perspektiven), S. 7–31

Selhorst, Stefanie; Miedaner, Michael: Eltern wollen Nähe. Verteidigung einer Sehnsucht. Kißlegg: Christiana-Verlag 2016

Sloterdijk, Peter: Gottes Eifer. Vom Kampf der drei Monotheismen. Frankfurt a. M.: Verlag der Weltreligionen 2007

Sölle, Dorothee: Die Hinreise. Zur religiösen Erfahrung. Texte und Überlegungen. Stuttgart: Kreuz Verlag 1976 (2. Aufl.)

Sölle, Dorothee: Gott denken. Einführung in die Theologie. Stuttgart: Kreuz Verlag 1990 (2. Auflage)

Sölle, Dorothee: Mystik und Widerstand. „Du stilles Geschrei". München: Piper Verlag 2001 (4. Auflage)

Spitz, René: Vom Säugling zum Kleinkind. Naturgeschichte der Mutter-Kind-Beziehungen im ersten Lebensjahr. Stuttgart: Klett-Cotta Verlag 1980 (6. Auflage)

Stern, Daniel: Die Lebenserfahrung des Säuglings. Stuttgart: Klett Cotta Verlag 1992

Sundermeier, Theo: Den Fremden verstehen. Eine praktische Hermeneutik. Göttingen: Verlag Vandenhoeck & Ruprecht 1996

Tamez, Elsa: Gegen die Verurteilung zum Tod. Paulus oder die Rechtfertigung durch den Glauben aus der Perspektive der Unterdrückten und Ausgeschlossenen. Edition Exodus 1998

Taylor, Charles: Multikulturalismus und die Politik der Anerkennung. Mit Kommentaren von Amy Gutmann (Hg.), Steven C. Rockefeller, Michael Walzer, Susan Wolf. Mit einem Beitrag von Jürgen Habermas. Frankfurt a. M.: S. Fischer Verlag 1993

Teising, Martin: Die Funktion von Grenzen: Permeabilität und Abgrenzung. Die Kontaktschranke im psychoanalytischen Prozess. In: Anne-Marie Schlösser; Alf Gerlach (Hg.): Grenzen überschreiten – Unterschiede integrieren. Psychoanalytische Psychotherapie im Wandel. Gießen: Psychosozial-Verlag 2012, S. 197–207

Teutsch, Gotthard M.: Soziologie und Ethik der Lebewesen. Eine Materialsammlung. Frankfurt a. M.: Verlag Peter Lang 1975

Todorov, Tzvetan: Abenteuer des Zusammenlebens. Versuch einer allgemeinen Anthropologie. Frankfurt a. M.: S. Fischer Verlag 1998

Trummer, Peter: Dass meine Augen sich öffnen. Kleine biblische Erkenntnislehre am Beispiel der Blindenheilungen Jesu. Stuttgart: Kohlhammer Verlag 1998

Waldenfels, Bernhard: Antwort auf das Fremde. Grundzüge einer responsiven Phänomenologie. In: Bernhard Waldenfels; Iris Därmann (Hg.): Der Anspruch des Anderen: Perspektiven phänomenologischer Ethik. Paderborn: Wilhelm Fink Verlag 1998, S. 35–49

Waldenfels, Bernhard: Das Eigene und das Fremde. Dtsch. Z. Philosoph., Berlin 43 (1995) 4, S. 611–620

Whitebook, Joel: Psychoanalyse, Religion und das Autonomieprojekt. Z-Psychoanal 63, 2009, S. 822–851

Winnicott, Donald W.: Reifungsprozesse und fördernde Umwelt. Gießen: Psychosozial-Verlag 2001

Winnicott, Donald W.: Die menschliche Natur. Stuttgart: Klett-Cotta Verlag 1998 (2. Aufl.)

Internet

www.bekenntnisinitiative.de/images/downloads/stellungnahme_bekenntnis-initiative.pdf (zuletzt abgerufen am 7. 10. 2017)

www.bekenntnisinitiative.de/ueber-uns/ziele-der-sbi.html (abgerufen am 7. 10. 2017)

www.domradio.de/themen/papst-franziskus/2013-07-08/papstpredigt-zur-solidaritaet-mit-fluechtlingen-im-wortlaut (abgerufen am 13. 10. 2017)

www.faz.net/aktuell/feuilleton/religion-und-gewalt-mord-als-gottesdienst-13084596.html (abgerufen am 20. September 2016) www.heise.de/tp/features/Islam-Bashing-von-evangelischen-Fundamentalisten-3417285.html (abgerufen am 13. 10. 2017)

www.idea.de/frei-kirchen/detail/homosexuelles-pfarrerpaar-verlaesst-sachsen-93252.html (abgerufen am 7. 10. 2017)

www.sonntag-sachsen.de/2016/12/predigtverbot-aue (abgerufen am 4. 11. 2017)

www.sueddeutsche.de/politik/bundestagswahl-eine-ursache-fuer-den-erfolg-der-afd-mangel-an-respekt-1.3687269-2 (abgerufen am 11. 10. 2017)

www.welt.de/politik/deutschland/article145495633/Bibel-sieht-Homosexualitaet-nicht-als-Gottes-Willen.html (abgerufen am 7. 10. 2017)

http://w2.vatican.va/content/francesco/de/encyclicals/documents/papa-francesco_20150524_enciclica-laudato-si.html#_ftnref18 (zuletzt aufgerufen am 3. 11. 2017)

www.zeit.de/2017/46/afd-identitaet-leitkultur-neue-rechte (zuletzt abgerufen am 14. 11. 2017)